하락장이 두렵지 않은
미국 우량주 28

>>> 하락장이 두렵지 않은 <<<

미국 우량주 28

테크니들 지음 | 박성찬 · 성기원 · 윤준탁 · 이봉호 · 이은서 · 장민영 · 조민정 · 임재완

와이즈맵

글로벌 비즈니스 전문가들이 엄선한
스페셜 기업 분석 가이드

여기 3명의 사람이 있습니다. 그들의 이야기를 들어보겠습니다.

A는 해외 주식의 펀더멘털에 관심 있는 개인 투자자다

A는 나스닥 주식에 투자하면 수익을 얻을 수 있다는 말에 해외 경제 뉴스를 챙겨봅니다. 미국 시황을 해설해주는 유료정보 서비스도 구독하고, 비싸지만 유명한 몇몇 주식을 매수하기도 했습니다. 해외 주식에 투자하는 재미를 조금씩 알아가는 중입니다.

그런데 A는 이런 정보를 접할 때마다 답답합니다. 국내 회사는 이름만

들어도 뭘 하는 곳인지 금방 감이 오는데 미국 기업은 이름만 들어서는 도대체 뭘 하는 회사인지 잘 모르기 때문입니다. 그래프만 보면 우상향 중인 좋은 주식인 건 알겠는데 실제로 어떤 비즈니스를 해왔고 앞으로 어떤 분야에 투자를 할 회사인지 제대로 알고 싶습니다.

B는 회사에서 마케팅을 담당한다

늘 좋은 마케팅 플랜을 짜기 위해 고심하는 B는 해외 비즈니스 트렌드에 관심이 많습니다. 최신 트렌드 정보는 주로 유튜브에서 찾습니다. 유튜브를 애용하는 건 최신 정보를 편하고 빠르게 찾을 수 있기 때문입니다. 국내에서 구할 수 없는 최신 정보가 많아 실제 업무에도 쏠쏠하게 활용합니다. 그러나 B는 종종 목이 마릅니다. 유튜브에서 찾아낸 해외 기업 뉴스는 너무 트렌디해 단편적이고 일시적인 정보 위주이기 때문입니다. 숲을 보고 싶은데 정작 나무만 보는 느낌입니다. 글로벌 비즈니스에 대한 기본 정보를 진득하게 담은 콘텐츠가 있으면 좋겠다는 생각을 자주 합니다.

C는 취업을 준비하는 대학생이다

C는 면접관이 어떤 질문을 할지 몰라 예상 질문을 여럿 준비하고 있습니다. 그 중에서도 C가 신경 쓰는 분야는 해외시장에 대한 정보입니다. 한 회사가 해외시장에서 어떤 위치에 있고, 경쟁사에는 어떤 회사들이 있는지 잘 파악한다면 인터뷰에서도 다른 사람들보다 나은 답변을 할 수 있으리라는 전략 때문입니다. 그래서 C는 경쟁사 홈페이지도 직접 들어가 보고 관련 뉴스들도 자주 찾아봅니다. 그런데 그런 정보들은 대부분 영어로 쓰여 있어 정확한 이해에 적잖은 스트레스를 느낍니다. 누군가 한글로 보기 좋게 정리해준다면 따로 수고를 들이지 않고 해외시장에 대한 정보를 빠르고 편하게 볼 수 있을 거라는 생각을 합니다.

위 3가지 사례의 공통점은 글로벌 기업에 대한 기본 정보가 국내에 많이 부족하다는 사실입니다. 인터넷으로 전 세계가 이어져 있고, 구글을 통해 무엇이든 편하게 검색할 수 있는 시대지만 여전히 해외기업 정보는 서먹하고 어렵습니다. 국내 언론이나 연구소에서 해외기업 소식을 다루긴 하지만 화려하고 큰 뉴스 위주이다 보니 정작 가장 기본적인 정보는 어디서도 구하기가 쉽지 않습니다.

이런 취지에서 이 책에서는 특정 해외기업에 대한 핵심과 투자 포인트를 정리하는 데 집중했습니다. 독자 분들은 이 책을 읽고 나면 자신이 관심 있는 기업에 대한 기본 정보뿐 아니라 해당 기업이 속한 시장 전반을 고루 분석할 수 있는 노하우를 쌓게 될 것입니다. 자율학습을 돕는 일종의 참고서인 셈입니다. 쉽고 흥미로운 내용들로 글로벌 밸류 기업들에 대한 유익한 정보를 쌓는 시간이 되기를 바랍니다.

〈테크니들〉 편집장

임재완 올림

미래를 혁신하는
'테크 기업' 7

PART **2**

더 나은 삶을 위한
'의식주 기업' 7

PART **3**

안정적인 일상을 위한
'산업재 기업' 7

PART **1** 〉 미래를 혁신하는

'테크 기업' 7

블록

─── **핵심 요약** ───

- 오프라인 카드 결제 단말기 사업에서 시작해 모바일 결제를 아우르는 거대 핀테크 기업으로 성장했다.
- 비대면 결제·송금 부문의 성장과 더불어 예금 및 대출을 비롯한 은행 기본 서비스를 제공하면서 종합 금융 서비스 회사의 면모를 갖췄다.
- CEO인 잭 도시의 미래 전략에 따라 사명을 스퀘어에서 '블록'으로 바꾸고 비트코인을 비롯한 블록체인 기반 비즈니스를 적극 추진하고 있다.

회사명	Block, Inc.
설립연도	2009년
본사	미국 캘리포니아 샌프란시스코
홈페이지	block.xyz
상장일	2015년 11월 19일
심볼	SQ
거래소	NYSE
분야	Technology
업종	Software—Infrastructure

어떤 사업을 하는가?

블록Block은 디지털 결제 서비스인 '캐시앱Cash App', 음악 스트리밍 서비스 '타이달TIDAL', 결제 플랫폼 '스퀘어Square'를 운영하는 법인이다. 미국 증시에 상장한 스퀘어에서 2021년 12월 10일 사명을 변경했다. 블록은 스퀘어와는 별도의 블록체인 프로젝트를 '블록'이라는 이름으로 진행하며 기존 프로젝트인 스퀘어 크립토Square Crypto는 '스파이럴Spiral'이라는 이름으로 바꿨다.

1. 스몰 비즈니스 셀러

블록의 전신이자 모태인 스퀘어는 금융 관련 소프트웨어, 하드웨어를

스퀘어의 스마트폰 결제 단말기

모두 아우르는 서비스로 일컬을 수 있다. 스퀘어의 비즈니스 영역은 현재 크게 세 가지로 구분할 수 있다. 첫 번째는 가장 먼저 시작한 초기 사업이자 지금은 플랫폼 형태로 발전한 소상공인, 스몰 비즈니스 셀러 영역이다. 사업 초기 신용카드 결제가 가능한 포스(POS, Point Of Sale System) 솔루션으로 금융 서비스의 혁신을 일으켰다.

2010년대 초반만 해도 신용카드 결제가 원활하게 이루어지지 않는 오프라인 매장들이 많았다. 당시 신용카드 결제 단말기는 가격이 비싸 소상공인이 사용하기는 쉽지 않았다. 그때, 스퀘어는 하얀 정사각형 모양의 신용카드 결제 단말기를 개발했다. 또한 신용카드 결제에 필요한 하드웨어와 소프트웨어를 함께 제공하면서 결제 시스템이 부족한 소상공인에게 적합한 솔루션을 제공했다.

소상공인을 위한 결제 통합 솔루션인 '스퀘어 스탠드'

결제 단말기로 시장을 넓혀가면서 스퀘어는 소상공인 대상 결제액이 크지 않다는 점을 파악하고, '스퀘어 스탠드Square stand'라는 통합 솔루션을 제공하면서 차별화를 선보였다. 한때 아마존이 소상공인 결제 시장을 공략하기 위해 더욱 저렴한 수수료와 고객 지원 서비스를 제공했었다. 아마존에 자금력이 밀릴 것으로 보였지만, 스퀘어는 소상공인을 위한 서비스에 집중했다.

기존 결제 관리 솔루션을 유지하면서 소프트웨어, 하드웨어를 지속적으로 업데이트 했다. 아마존 기기보다 유려한 디자인에 간편한 사용법 등 스퀘어가 잘하는 장점에 더욱 집중했다. 결국 아마존은 저렴한 수수료를 내세웠지만, 사용자의 마음을 사로잡지 못하고 1년 만에 해당 시장에서 철수했다. 스퀘어가 소상공인 서비스, 카드 단말기 시장에서 지속적인 성장이 확실해지는 시점이었다.

스퀘어가 소상공인에게 필요한 맞춤 서비스를 본격적으로 제공하면서 점차 영역이 확대됐다. 솔루션을 사용하면서 사업을 확장할 수 있도록 고객 분석 서비스, 급여 및 재고 관리 서비스 등 다양한 솔루션까지 제공했다. 여러 기능이 더해지고 하나의 플랫폼 형태를 갖추면서 현재는 소상공인을 대상으로 대출 서비스까지 제공하고 있다.

2009년, 약 4,000만 달러 수준이던 매출은 4년 만에 5억 5,000만 달러로 늘어나면서 매출이 10배 이상 증가했다. 2020년 매출은 95억 달러(약 12조 900억 원), 2021년 매출은 176억 달러(약 22조 원)를 기록하면서 2020년 대비 약 86% 성장했고, 이는 10년 전 대비 약 32배 이상 성장한 수치다.

2. 개인 금융 서비스

스퀘어는 2018년 '캐시앱'을 계기로 일반 사용자를 대상으로 한 사업 영역을 크게 확장하면서 스퀘어의 캐시카우로 자리매김하고 있다. 캐시앱은 개인 간 송금 서비스로 시작해 이제는 개인용 디지털지갑 서비스를 통해 송금은 물론 주식거래, 예금, 해외결제, 암호화폐 구매 등 모든 금융 서비스를 제공하고 있다. 코로나 이후 미국 내에서 재난지원금이나 실업급여를 받는 비율이 늘어나면서 캐시앱을 통해 미국 주식이나 암호화폐에 투자하는 사용자가 급증했다.

캐시앱은 2020년 대비 2021년도 사용자가 약 50% 늘어났을 만큼 개인 사용자를 위한 원스톱 금융 솔루션으로 진화했다. 특히 2021년 3월부터 미국 연방예금보험공사로부터 은행 허가를 취득해 대출과 예금 서비스를 제공함으로써 진짜 은행과 동등한 지위를 확보했다. 일반 사용자가 현금을 입금하고 캐시앱을 이용하면서 더 많은 소비와 투자 활동이 일어나도록 스퀘어는 멤버십 시스템도 도입했다. 캐시앱 사용 시 다양한 리워드와 혜택을 제공함으로써 캐시앱 생태계에서 벗어나지 못하도록 만드는 전략을 사용하는 것이다. 사용자는 자신이 원하는 대로 혜택을 고르고 다양한 리워드를 받으면서 계속 캐시앱에 머물게 되고 스퀘어는 더 많은 사용자를 확보할 수 있다.

스퀘어가 직접 캐시앱의 사용자 수를 밝힌 적은 없지만, 스퀘어에 많은 투자를 진행한 아크 인베스트먼트ARK Investment('돈나무 언니'로 불리는 캐시 우드가 창업한 투자회사)에 따르면 2025년까지 약 7,500만 명의 사용자가 사용하는 것으로 예측됐다. 소상공인 외에도 개인 사용자가 늘어나면서 이제 캐시앱은 디지털지갑의 역할을 한다. 이는 스퀘어가 계획하는 차세대 비즈니스에서도 중심적인 역할을 맡게 될 것으로 보인다.

3. 암호화폐

세 번째 비즈니스는 차세대 먹거리 산업으로 부상하고 있는 Z세대와 암호화폐 중심의 사업 영역이다. 작년 8월에는 호주의 핀테크 기업 '애프터페이Afterpay'를 인수하겠다고 밝혔는데, 애프터페이는 핀테크에서 많이 사용되는 후불결제(BNPL, Buy Now Pay Later) 서비스를 제공하는 업체다. 소비 욕구는 강하지만 경제력이 약한 Z세대 사이에서 인기를 끌고 있는 서비스다. 이는 후불결제 서비스를 제공함으로써 더 많은 Z세대 사용자를 확보하기 위한 스퀘어 전략의 일환인 것이다.

여기에 더해 비트코인을 비롯한 암호화폐, 블록체인 사업을 새로운 성장 동력으로 삼고 있다. 개인 사용자가 비트코인을 판매하면 스퀘어가 이를 구매해 다른 구매자에게 판매하는 안전한 거래를 제공하면서 수수료를 받는다. 스퀘어는 2018년부터 비트코인의 직접 거래 시작과 동시에 비트코인을 대량으로 매수하는 등 새로운 서비스에 대해 준비를 해오고 있었다.

2021년 12월 CEO인 잭 도시Jack Dorsey가 트위터의 대표직을 사임하고 스퀘어에서 '블록'으로 사명을 변경하면서 암호화폐와 블록체인에 집중하겠다는 의지를 표명했다. 잭 도시는 성명을 통해 "스퀘어가 결제 처리 서비스 그 이상을 위해 나아간다는 것을 분명히 하기 위한 것"이라고 밝히며, 사용자의 경제 접근성을 높이기 위한 도구를 계속 개발하겠다는 목표를 분명히 했다. 잭 도시는 블록체인 탈중앙화 거래소를 만들기 위한 〈tbDEX 프로토콜〉이라는 이름의 백서를 공개하기도 했다.

앞으로 블록체인 비즈니스는 '블록'이라는 이름 아래 진행될 것이고, 잭 도시가 직접 암호화폐를 거래할 수 있는 거래소를 만들 것이라 천명한

〈tbDEX 프로토콜〉 백서

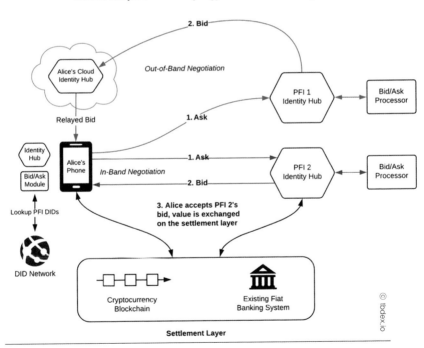

General component-level topology and communication flow

만큼 다양한 암호화폐를 거래하고, NFT를 비롯해 디파이(Decentralized Finance, 탈중앙화 금융) 서비스 또한 선보일 것으로 예상된다.

핵심 인물은?

블록의 핵심 인물은 창업자이자 현재 CEO를 맡은 잭 도시와 스퀘어를 공동 창업하고 《언카피어블The Innovation Stack》이라는 책의 저자로 유명한 짐 맥켈비Jim McKelvey다. 잭 도시는 대학교에 다니면서 트위터에 관한 아이디어를 생각했다. 이후 2006년에 트위터를 창업하면서 실리콘밸리의 핵심 인물로 떠올랐다. 2008년 불성실한 태도로 해고당하는 수모를 겪기도 했지만, 2015년 복귀해 적자였던 회사를 흑자 전환시키는 데 성공했다. 그는 수염과 머리를 길게 기르거나 독특한 패션으로 이목을 끌기도 해 괴짜라는 평을 받는다. 우연히 비트코인 백서를 읽은 후 비트코인의 열렬한 지지자가 됐다. 이후 비트코인과 블록체인에 집중하기 위해 트위터의 CEO를 사임한 후 블록에만 집중하는 모습을 보인다.

짐 맥켈비는 원래 유리 공예가로 활동하고 있었다. 그는 자신이 만든 작품을 판매하는 과정에서 신용카드 결제를 원하는 손님을 상대로 제대로 결제를 진행할 수 없자, 스마트폰으로 결제할 방안을 떠올렸다. 이것이 스퀘어의 히트 상품인 휴대용 카드 리더기를 만들게 된 계기였다.

그는 여전히 블록의 지분 5%를 보유한 채 이사회에 남아 있다. 그리고 블록 이외의 일도 꾸준히 진행하는 것으로 잘 알려져 있다. 온라인 콘텐츠 선순환을 위한 온라인 매체 '인비저블리Invisibly'의 창업자이며 세인트루이스 연방준비은행의 이사로 임명되기도 했다. 비영리 프로그래머

블록의 공동 창업자 짐 맥켈비(왼쪽)와 CEO 잭 도시(오른쪽)

교육재단인 '론치코드LaunchCode'를 통해 프로그래밍 교육을 진행하고, 유리공예 교육센터도 운영 중이다. 그는 세인트루이스에 위치한 자신이 졸업한 워싱턴대학교에 역사상 최대 규모의 금액을 기부해 화제가 되기도 했다.

어떤 회사들과 경쟁하나?

최근 들어 블록의 경쟁사는 점차 늘어나고 있다. 핀테크 경쟁사인 페이팔PayPal, 스트라이프Stripe 등은 물론 기존의 전통 금융회사들(은행, 증권사)과 경쟁을 이어오고 있다. 여기에 사명을 변경하며 블록체인 비즈니스에 뛰어들면서 이제는 블록체인 기반의 금융 서비스 기업들과도 추가로 경쟁을 펼쳐야 한다.

대출 분야에서는 렌딩클럽LendingClub이나 업스타트UPSTART 같은 기업들과 경쟁한다. 오프라인 결제 시장에서는 클로버Clover, 온라인 송금·결제는 페이팔과 벤모Venmo 등과 경쟁하고 있다. 고객 관리 측면에서는 CRM(Customer Relationship Management, 고객관계 관리) 기업인 세일즈포스Salesforce도 경쟁사로 볼 수 있다.

블록체인과 암호화폐 분야에서는 탈중앙화 거래소를 시작할 경우 기존 중앙화 거래소는 물론 탈중앙화 거래소를 상대로 거래량과 수수료 싸움을 시작할 수 있다. 잭 도시가 추종하는 비트코인의 경우 전 세계 수많은 거대 헤지펀드와 자산운용사가 비트코인 현물, 선물 ETF를 출시하고 있기 때문에 투자 영역에서의 경쟁도 가능하다.

캐시앱과 같은 디지털지갑 서비스를 생각하면 블록체인의 여러 디지털지갑 서비스 기업과 경쟁도 이어질 것이다. 물론 이들과 경쟁할 수도 있지만, 기존 스퀘어가 여러 회사를 인수한 사례를 생각하면 오히려 인수합병과 제휴 등을 선택할 가능성도 높다. 기존 경쟁 회사들은 뚜렷하지만, 블록으로 사명 변경 이후 블록체인에도 집중하고 있는 만큼 어느 블록체인 기업들과 경쟁할지 혹은 손을 잡을지는 지켜볼 필요가 있다.

지금 '블록'을
주목해야 하는 이유

블록은 스퀘어뿐만 아니라 음악 스트리밍 서비스인 타이달 등을 보유하고 있다. 스퀘어는 웹사이트 구축 서비스를 제공하는 '위블리Weebly'를 인수한 적도 있는 만큼, 반드시 송금, 결제 같은 핀테크 분야 기업만을 인수하지 않는다. 필요하다면 다양한 산업의 기업을 언제든지 인수합병할 수 있는 여력이 있다.

잭 도시의 비전과 전략에 따라 달라지겠지만, 블록체인 관련 기술 및 디파이 관련 기업의 인수와 제휴 가능성 또한 클 것으로 예측된다. 자체 거래소를 비롯해 암호화폐 투자의 폭을 넓힐 가능성도 있다. 혹은 다른 자산운용사처럼 비트코인 현물 ETF를 출시하기 위한 전용 자산운용사 설립과 제반 준비를 할 수도 있다.

블록의 2022년 매출 추정치는 186억 5,000만 달러(약 23조 7,300억 원), 2023년 추정치는 223억 6,000만 달러(약 28조 4,500억 원)로 연간 매출 성장률은 각각 6%와 20%로 예상된다. 경쟁사인 페이팔에 비하면 다소 높은 가격에 주가가 형성되어 있다. 하지만, 2021년 4분기 실적이 시장 전망치를 모두 웃돌고, 사용자도 지속적으로 늘고 있어 월가에서는 긍정적인 시각으로 바라보고 있다.

다만 앞으로 블록은 지금까지 스퀘어가 걸어온 길과는 사뭇 다른, 잭 도시가 주도하는 비트코인과 암호화폐 중심의 사업 전략에 의해 크게 영향을 받을 것으로 보인다. 특히 탈중앙화 금융인 '디파이'는 새로운 시도를 할 수 있는 영역이 전통 금융보다 크게 열려 있다. 블록이 디파이 분야에서 어떤 새로운 시도와 서비스를 선보일지 주목할 필요가 있다. 블록이 탈중앙화 금융을 접목해 과거 스퀘어 시절에 만들었던 혁신을 다시 한 번 선보일 수 있을지 기대된다.

SAP

───── **핵심 요약** ─────

- 1972년 독일 바인하임에서 설립된 SAP는 기업용 애플리케이션 소프트웨어를 개발하는 회사이다.

- 전 세계 매출의 77%가 SAP 시스템을 통해 처리될 정도로 기업 지능화 솔루션의 대명사로 자리 잡았다. 전체 매출의 16.3%(2020년 기준)를 시장의 수요에 즉각 응하는 연구개발에 투자하는 등 끊임없는 혁신을 추구하고 있다.

- SAP는 전사적자원 관리(ERP), 고객관계 관리(CRM), 공급망 관리(SCM), 제품 수명주기 관리(PLM), 공급자관계 관리(SRM) 등의 솔루션을 통해 기업의 디지털 전환을 전적으로 지원하며, 기업들에게 제공하는 클라우드 분야의 매출이 지속적으로 증가함으로써 미래지향적 소프트웨어 산업을 선도하고 있다.

한눈에 살펴보기

회사명	SAP SE
설립연도	1972년
본사	독일 바텐뷔르템베르크 발도르프
홈페이지	www.sap.com
상장일	1998년 8월 3일
심볼	SAP
거래소	NYSE
분야	Technology
업종	Software – Application

어떤 사업을 하는가?

SAP는 세계시장에 기업용 애플리케이션 소프트웨어를 제공하는 기업이다. SAP는 1972년 독일 바인하임에서 IBM 출신의 다섯 직원이 뜻을 모아 시작했다. 회사명인 SAP는 'System Analysis Program Development'의 머리글자에서 따온 것이다.

1. 기업용 애플리케이션 소프트웨어 솔루션

기존 기업용 소프트웨어의 경우, 각 업무를 담당하는 부서별로 각각 다른 데이터베이스에 운영 데이터를 저장했기 때문에 데이터 관리가 분산되어 있었다. 따라서 협업이 필요한 경우 타 부서와의 정보 공유가 어

SAP의 대표 솔루션들

렵고, 여러 부서에서 중복된 데이터를 갖고 있기도 했다. 이런 경우 결국 IT 관련 스토리지 비용이 증가하고, 데이터 오류 발생의 위험성이 커질 수밖에 없다.

SAP 소프트웨어는 여러 부서의 데이터를 한 곳에서 확인할 수 있도록 데이터 관리를 중앙화하는데 이는 복잡한 비즈니스 과정을 효율적으로 만들어 준다. 기업은 SAP 소프트웨어를 통해 원자재 구매부터 생산, 고객 관리 등에 이르는 모든 데이터를 하나의 플랫폼에서 수집하고 처리할 수 있다. 이 소프트웨어는 사업장 자체 서버에 온프레미스on-premise(기업의 서버를 클라우드 같은 원격 환경에서 운영하는 방식이 아닌, 자체적으로 보유한 전산실 서버에 직접 설치해 운영하는 방식)로 설치할 수 있고, 클라우드에서 사용할 수도 있다.

SAP는 애플리케이션Application, 기술 및 지원(Technology&Support), 출장 및 경비 관리 솔루션 컨커Concur, 경험 관리 솔루션 퀄트릭스Qualtrics, 이렇게 4개 부문을 중심으로 운영되며 대표적인 솔루션은 다음과 같다.

- ERP 및 재무 분야 소프트웨어

  : 실시간 의사결정을 돕는 고성능 인메모리 데이터 베이스 SAP S/4HANA

- 디지털 공급망 관리 소프트웨어

  : 실시간 공급망 계획 기능을 제공하는 클라우드 솔루션 SAP Integrated Business Planning for Supply Chain

- HR 및 인재 관리 소프트웨어

  : 서비스 조달 및 비정규 인력관리 클라우드 서비스 SAP Fieldglass

- 비즈니스 기술 플랫폼 소프트웨어

  : 효율적인 의사결정을 위한 비즈니스 인텔리전스 도구인 SAP Business Objects Business Intelligence

- 지출관리 소프트웨어

  : 출장 및 경비 관리 소프트웨어 SAP Concur

- CRM 및 고객 경험분야 소프트웨어

  : 서비스 및 유지 관리 전략을 모니터링하고 계획하는 데 도움이 되는 SAP Intelligent Asset Management

이렇게 기업 소프트웨어 관련 전사적 솔루션을 제공하기 때문에 세계 500대 기업 중 94%가 SAP 고객이고, 세계 100대 기업 중 99%가 SAP S/4HANA 고객이며, SAP 고객의 약 80%가 중소기업일 정도로 압도적인 시장 점유율을 자랑한다.

핵심 인물은?

하쏘 플래트너Hasso Plattner는 SAP의 공동 창업자 중 한명이자, 현재까지 이사회에서 활동을 하고 있을 정도로 오랜 기간 동안 SAP에 영향력을 행사한 인물이다. 플래트너는 1968년 독일 IBM에서 일을 시작했고, 4년 후인 1972년에 동료 4명과 함께 SAP를 설립했다. 1979년에는 SAP의 기술 분야에 대한 총괄책임을 맡았다. 이후 1997년부터 2003년까지 SAP의 공동 CEO를 맡았다.

그는 2020년 10월 기준, SAP 주식의 약 6%를 보유하고 있다. 현재는 SAP 이사회의 의장으로 임기는 2022년에 끝난다. 2021년 5월 총회에서 플래트너는 더 이상 이사회 의장으로 출마하지 않을 것임을 공표했다. 이사회의 활동과 관계없이 플래트너는 SAP의 중장기 기술 방향 및 전

SAP의 창립자 하쏘 플래트너

SAP의 CEO 크리스티안 클라인

략을 수립하는 데 있어 소프트웨어 전문가로서 다양한 의견을 제시하고 있다.

크리스티안 클라인Christian Klein은 SAP의 현재 CEO이다. 1980년생인 클라인은 1999년에 19살 학생 신분으로 SAP에 입사했다. 초기에 글로벌 지원 운영(Active Global Support Operations), 서비스 운영(Service Operations), 글로벌 감독(Global Controlling) 분야에서 다양한 직책을 맡았다.

2011년부터 2012년까지 캘리포니아에서 SAP 자회사인 SAP 석세스팩터스SAP SuccessFactors에서 재무총괄책임자(CFO)를 맡았다. 이후 2014년에 최고융합책임자(CCO), 2016년 4월에 최고운영책임자(COO)를 역임하는 등 어린 나이에 SAP의 주요 직책을 두루 거친 후, 2018년 1월에 신설된 글로벌 비즈니스 운영 사업부를 담당했다. 경영진 내에서 디지털 혁신 분야를 이끌어 나가면서, 기업의 IT 조직 통합에 기여하는 솔루션을 개발하는 데 앞장섰다. 2019년 초부터는 '지능형 기업(The Intelligent Enterprise)'이라는 타이틀로 개발된 애플리케이션인 'SAP S/4HANA'의 글로벌 SAP 개발 영역을 담당하면서 회사 내 입지가 커졌다.

2019년 10월에 제니퍼 모건Jennifer Morgan과 함께 공동 CEO가 되었으며, 2020년 4월에 모건이 사임하면서 단독 CEO가 되어 39세의 나이에 DAX(독일 프랑크푸르트 증권거래소 상장 주가지수) 기업의 최연소 CEO로 기록을 세웠다.

어떤 회사들과 경쟁하나?

SAP와 가장 먼저 비교되는 기업 중 하나는 프랑스의 다쏘시스템 Dassault Systemes SE이다. 1981년에 설립된 다쏘시스템은 11개 산업 분야에서 27만 명의 고객과 2,500만 명의 사용자들에게 소프트웨어 및 CAD(컴퓨터 지원 설계) 소프트웨어를 제공한다. 다쏘시스템은 파리 주식 시장과 미국 나스닥에 상장되어 있고, 2014년에는 〈포브스Forbes〉 선정 소프트웨어 부문 '가장 혁신적인 기업' 세계 2위, 2016년 다보스 포럼 선정 '세계 100대 지속가능(The most sustainable) 기업' 세계 2위에 오르는 등 혁신성과 지속가능성을 세계적으로 인정받고 있다.

처음 설립 당시 다쏘시스템은 CAD 소프트웨어 회사로 프랑스 전투기 제조회사인 다쏘항공의 개발팀에서 출발했다. 다쏘항공뿐만 아니라 벤츠, BMW, 혼다 등 글로벌 자동차 회사들과도 협업한 바 있다.

다쏘시스템의 소프트웨어는 항공기 및 자동차 산업에서 그치지 않고 제조업 전반에서 사용되는데, CAD를 이용해 디지털 방식으로 설계한 제품을 '제품 수명주기 관리(PLM, Product Lifecycle Management)'라는 개념으로 발전시켰다. PLM이란 제품 설계부터 생산 공정에 이르기까지 제품 출시와 관련한 모든 과정을 디지털로 관리해 제품의 성능과 품질을 높이고 비용을 줄이는 생산 프로세스이다.

디자인 소프트웨어를 만드는 회사로 출발해, SAP와 차별화된 출발점을 가지고 있지만 기업의 업무 혁신을 위한 소프트웨어를 제공한다는 측면에서 항상 비교되는 회사 중 하나이다.

또 기업을 위한 디지털 워크플로를 관리하는 클라우드 컴퓨팅 플랫폼 개발회사인 서비스나우ServiceNow도 함께 살펴볼 수 있다. 서비스나우는 미국 캘리포니아에서 2004년에 설립되었고, 뉴욕증권거래소에 상장되었

프랑스 벨리지빌라쿠블레에 위치한 '다쏘시스템' 본사

© 3ds.com

하락장이 두렵지 않은 미국 우량주 28

다. 2018년에는 〈포브스〉 선정 '가장 혁신적인 기업' 1위를 차지하기도 했다. 비즈니스 모델은 SAP와 차이가 있는데, 헬프 데스크 기능을 비롯해 대기업의 IT 운영에 필요한 기술관리지원을 하는 PaaS(Platform-as-a-Service)가 주요 비즈니스 모델이다.

기업용 소프트웨어와 클라우드 서비스 등의 측면에서 보자면 마이크로소프트, 오라클Oracle, IBM, 태블로Tableau, SAS, 아마존웹서비스(AWS, Amazon Web Services)가 SAP의 대안으로 언급되기도 한다.

지금 'SAP'을
주목해야 하는 이유

    SAP는 현재 전 세계 17개국 37개 지역에 총 70곳의 데이터센터를 운영 중이며, 2억 3,800만 명의 클라우드 사용자가 있다. 현재는 사업 포트폴리오 중 클라우드 비중을 확대하는 데 주력하고 있고, 성과가 매출을 통해 가시적으로 드러나고 있다. 즉, 2020년 매출이 273억 4,000만 유로(36조 7,000억 원)로 전년 대비 1% 성장했으나, 클라우드 이용료 및 서비스가 80억 9,000만 유로(10조 8,000억 원)로 전년 대비 18% 성장했다. 뿐만 아니라 기업의 디지털 혁신을 돕기 위한 수요 파악이 빠르고, 막대한 R&D 자금을 통해 각 업무 영역에 맞춰진 100개 이상의 솔루션을 제공하는 등 방대한 클라우드 포트폴리오를 보유했다는 것이 타 기업에 비해 뛰어난 점이다.

    많은 기업들이 디지털 전환에 가속페달을 밟고 있는 현 시점에서 SAP의 전망은 밝아 보인다. 특히 클라우드 분야를 선도하는 데 방점을 찍고 있는 SAP의 전략에 주목할 필요가 있다. 전 세계적으로 생성되는 데이터의 총량이 해가 갈수록 급격하게 늘어나고 있는 만큼 많은 기업들이 방대한 양의 데이터를 보관 처리하기 위해 클라우드 시스템을 속속 도입하고 있기 때문이다. HDD 제조기업 씨게이트 테크놀로지Seagate Technology가 시장조사

기관 IDC에 의뢰해 발간한 〈데이터 에이지 2025 Data Age 2025〉 백서에 따르면, 2025년까지 전 세계 데이터의 총량은 약 163제타바이트(ZB, 1제타바이트 =1조 1,000억 기가바이트)까지 늘어날 전망이다.

SAP는 기본적으로 오랜 기간 탄탄한 기초를 바탕으로 성장해 온 소프트웨어 기업이다. 최근에는 클라우드 사업으로 영역을 확대하면서 미래가 더욱 주목된다. 타 기업에 비해 클라우드 시장에 뒤늦게 뛰어들어 후발주자에 속하지만, 전 세계 글로벌 기업들이 SAP의 시스템을 이용해온 만큼 클라우드 시장에서도 강세를 이어갈 수 있을 것이라는 긍정적인 전망이 우세하다.

2020년 코로나 팬데믹으로 주가가 급락한 이후 실적 부진이 이어졌었지만 2021년 하반기 클라우드 부문의 매출이 큰 폭으로 늘면서 다시 성장세로 전환한 상태이다. 하지만 경쟁사인 마이크로소프트, 세일즈포스, 오라클 등 클라우드 부문의 막강한 경쟁자들이 있는 만큼 시장 전체를 넓은 안목으로 바라볼 필요가 있다.

코인베이스
Coinbase Global

coinbase

─────────── 핵심 요약 ───────────

- 코인베이스는 미국 최대 암호화폐 거래소로 일반 트레이딩 서비스 외에 NFT 거래소와 같은 다양한 디지털 자산 서비스에도 뛰어들며 성장하고 있다.

- 나스닥 직상장을 통해 제도권 금융시장에 진출하면서 암호화폐 산업 자체의 재평가와 더불어 투자 관점에서 디지털 자산 시장을 부각하는 데 일조했다.

- 기본적인 트레이딩 수수료 매출 외에도 코인베이스 벤처스 등을 통해 디지털 자산에 직접 투자하거나 기관용 수탁 서비스, 탈중앙화 금융 서비스 등을 추진하며 매출 다각화를 시도하고 있다.

회사명	Coinbase Global, Inc.
설립연도	2012년
본사	미국 캘리포니아 샌프란시스코
홈페이지	www.coinbase.com
상장일	2021년 4월 14일
심볼	COIN
거래소	NASDAQ
분야	Technology
업종	Software—Application

어떤 사업을 하는가?

코인베이스Coinbase는 현재 전 세계 100개 국가 이상에서 이용 중인 글로벌 암호화폐 거래소다. 사용자는 약 7,300만 명에 달하고 분기 거래량은 3,270억 달러(약 411조 2,000억 원)에 달한다. 유명 벤처캐피털인 앤드리슨 호로위츠, 유니온스퀘어벤처스 등으로부터 2억 달러가 넘는 투자를 유치한 후 2021년 기업공개(IPO)를 통해 전 세계에서 유일하게 주식시장에 상장한 암호화폐 거래소다.

1. 암호화폐 트레이딩

비트코인과 이더리움 같은 암호화폐의 트레이딩을 기본 사업으로 가

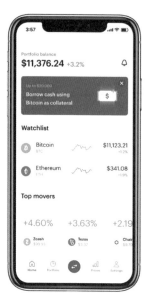
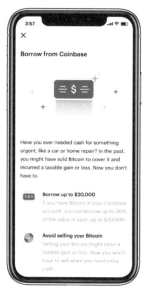

코인베이스 모바일 앱 화면

상자산 관련 금융 서비스를 제공하는 플랫폼으로 발돋움하고 있다. 미국 증권거래위원회(SEC)에 제출한 자료에 따르면 코인베이스 매출의 대부분은 암호화폐 거래 수수료에서 발생한다. 기관보다는 대부분 개인 투자자들의 거래 수수료로, 매출의 약 96%가 트레이딩 부문에서 나온다.

코인베이스는 개인 투자자가 암호화폐를 거래할 수 있는 '코인베이스'와 헤지펀드와 기관 등이 거래하는 별도의 'GDAX(Global Digital Asset Exchange)'라고 하는 거래소를 운영한다. 코인베이스의 수수료는 약 1.5~4.0% 사이이며, GDAX의 수수료는 코인베이스보다 낮게 설정되어 있다.

2. 지갑 서비스

암호화폐 거래 외에 디지털 자산을 보관할 수 있는 지갑(Wallet) 서비스를 제공하며, 자산을 수탁하는 커스터디Custody 서비스를 제공한다. 지갑 서비스는 암호화폐와 NFT 등을 구매 및 저장할 수 있는 모바일 앱으로 지갑을 통해 대출과 이자 수익을 받을 수도 있다. 커스터디 서비스는 월가의 대형 투자기관 등을 대상으로 한다. 거래 금액 규모가 크며 장외거래(OTC) 등을 지원하고 있다.

3. 기업 암호화폐 결제 서비스

코인베이스는 코인베이스 커머스Coinbase Commerce 플랫폼을 제공하는데, 이를 통해 일반 기업이 암호화폐로 결제할 수 있는 결제 방식을 제공한다. 이커머스 기업이 암호화폐로 결제 시스템을 추가하고 싶다면 코인베이스가 제공하는 플랫폼을 활용하면 가능하다. 암호화폐로 결제를 받고 이후 미국 달러와 동일한 가치를 지닌 스테이블 코인(USDC, 코인베이스에서 운용하는 스테이블 코인)으로 교환하거나 달러로 환전해 돈을 이체할 수도 있다. 이미 쇼피파이Shopify를 비롯한 여러 이커머스 서비스와 통합이 가능하고, API(Application Programming Interface)도 별도로 제공한다. 이밖에 직불카드 서비스를 비자Visa와 협업해 출시했으며 비트코인 등을 담보로 맡기고 대출을 받는 서비스도 제공하고 있다.

코인베이스는 2020년 13억 달러에 달하는 매출을 올렸는데, 암호화폐 시장이 호황을 이루면서 올해는 2분기에만 22억 달러(약 2조 7,700억 원)의 매출과 16억 달러(약 2조 140억 원)의 순이익을 기록했다. 코인베이스는 여전히 거래 수수료가 매출의 대부분을 차지하지만, 이자 소득 및 기타 서비스로 인한 매출의 비중이 커지고 있다.

올해 9월 출시한 코인베이스 프라임Coinbase Prime 을 통해서는 기관 투자자가 대량으로 암호화폐를 구매하고 거래할 수 있다. 일반 개인 투자자는 사용할 수 없는 다양한 기능을 제공하는 것이 특징이다. 큰 규모의 금액이 시장에 직접적인 영향을 주지 않고 기관 간의 거래에서 안전하게 이체될 수 있도록 지원한다.

4. 기업 투자

이밖에 코인베이스가 전문적인 기업 투자를 위해 설립한 '코인베이스 벤처스Coinbase Ventures '는 새로운 블록체인 스타트업의 투자와 육성을 담당하며, 인수를 통한 새로운 성장 전략을 구사하고 있다. 코인베이스 벤처스는 현재까지 약 150개 이상의 스타트업에 투자했다. 코인베이스 벤처스가 투자한 스타트업이 발행한 암호화폐는 높은 상승률을 기대하는 투자자들이 많고 실제로 거래소 상장 이후 가격이 크게 상승하는 등 큰 영향력을 행사하고 있다.

한편 코인베이스는 2018년부터 현재까지 약 20개에 가까운 기업을 인수했다. 코인베이스가 기존에 보유한 기술적 역량과 서비스 제품 외에 다양한 스타트업을 인수하면서 단점을 보완하고 있다. 예를 들어 API를 통해 여러 데이터를 수집하고 통합할 수 있는 기술을 보유한 스타트업을 인수했으며, 블록체인 데이터를 시각화하는 플랫폼을 제공하는 기업을 인수하기도 했다. 파편화 되어 있는 암호화폐 데이터와 계정 등을 통합해 코인베이스를 통해 더 빠르고 안전한 거래가 이루어질 수 있도록 해당 기술을 보유한 기업들을 인수한 것이다.

또한, 금융 서비스에서 가장 중요한 보안도 강화하고 있다. 랜섬웨어 공격을 막고 암호화된 거래를 모니터링, 추적할 수 있는 기술을 확보해 코인베이스 전체 서비스의 보안 강화와 신뢰성을 높이는 작업을 꾸준히 진행하고 있다.

코인베이스의 CEO인 브라이언 암스트롱Brian Armstrong은 암호화폐 거래와 투자라는 기존 전략과 사업 영역은 계속 유지하면서도, 새로운 성장 전략을 제시하고 이행하겠다는 뜻을 밝힌 바 있다. 암호화폐 시장이 아직까지는 전통적인 금융시장과 동일한 인프라와 서비스를 제공하지 않고 있어, 앞으로 기존 금융시장의 투자자에게 전통 금융 서비스와 유사한 수준의 서비스와 거래 인프라를 제공할 계획이다.

단순한 암호화폐 거래에 그치지 않고 다양한 기업이 암호화폐를 통해 결제 및 투자, 서비스의 변화를 이끌어낼 수 있도록 새로운 서비스를 개발할 것이라고 밝혔다. 암호화폐 기반의 새로운 금융 플랫폼을 제시하고 이를 통해 암호화폐 가격 변동성의 의존도를 줄이고, 사업 다각화와 안정적인 매출을 추구하려고 한다.

핵심 인물은?

코인베이스의 핵심 인물은 창업자이자 현재 CEO를 맡고 있는 브라이언 암스트롱이다. 컴퓨터 공학 학사, 석사 학위를 받은 암스트롱은 딜로이트Deloitte, IBM, 에어비앤비Airbnb 등에서 개발자로 일했다. 2010년 비트코인 백서를 접하고 비트코인의 매력에 빠진 그는 비트코인의 대중화를 목적으로 2012년 골드만삭스Goldman Sachs 출신의 프레드 어샘Fred Ehrsam과 함께 코인베이스를 공동 창업했다.

언론 인터뷰는 되도록 하지 않으며, 콘퍼런스 같은 공식적인 자리에도

코인베이스의 창업자 브라이언 암스트롱

잘 나타나지 않는다. 다른 암호화폐 관련 유명인사와 다르게 트위터 같은 소셜미디어를 활용하지도 않는다. 언론에 사생활이 밝혀진 내용도 거의 없다. 금융 감독기관 인사를 영입하고 의회 및 금융 당국과 최대한 협조적인 자세를 취해왔다. 하지만, 최근 미국 증권거래위원회와 규제 이슈가 불거지자 적극적으로 대응하며 인터뷰를 하는 등 전면에 나서는 모습을 보여주기도 했다.

그는 암호화폐 분야에 대한 확신을 바탕으로 적극적으로 서비스를 개발해 투자자들의 검증 과정을 거치며 많은 투자를 유치했다. 창업 이후 약 10년 만에 세계 100대 부자가 된 암스트롱은 기부에 적극적이며, 직원들에게 주식을 나눠주는 등 코인베이스의 핵심 인물이며 앞으로도 계속 코인베이스를 이끌어갈 전망이다.

어떤 회사들과 경쟁하나?

코인베이스는 전 세계의 다양한 암호화폐 거래소와 경쟁하고 있다. 가장 강력한 경쟁자로는 전 세계에서 가장 많은 거래량을 기록하고 있는 바이낸스Binance와 최근 급부상 중인 FTX 등이 있으며, 미국 내 다른 암호화폐 거래소인 비트렉스Bittrex, 크라켄Kraken도 경쟁 관계에 있다.

코인베이스는 기본적으로는 같은 업종의 암호화폐 거래소와 경쟁하지만, 핀테크 기업과 더욱 치열한 경쟁을 펼칠 전망이다. 대표적인 글로벌 핀테크 기업인 페이팔과 스퀘어 등도 암호화폐 거래를 지원한다. 페이스북(현 메타) 같은 대형 IT 기업도 자체 암호화폐를 발행하는 추세이며, 전통 금융사인 은행도 커스터디 서비스를 비롯해 암호화폐를 자산으로 취급하기 시작했다. 거래소 외에 IT 기업과 핀테크는 물론 전통 금융 기업과 경쟁이 불가피해졌다.

암호화폐를 비롯해 NFT 등 다양한 디지털 자산을 취급하는 플랫폼

암호화폐 거래소 '바이낸스'와 'FTX'

과 기업이 늘어날수록 시장 활성화에는 긍정적이지만, 코인베이스는 경쟁이 점차 치열해질 수밖에 없다. 대표적인 캐시카우인 거래 수수료는 결국 수수료 경쟁으로 인해 현재와 같은 수익을 창출하기 어려워질 수 있다. 예를 들어 미국의 대표적인 주식거래 플랫폼인 로빈후드Robinhood는 거래 수수료를 받지 않는 전략으로 사용자를 유입시켰다.

DEX와 같은 탈중앙화 거래소도 코인베이스의 경쟁력을 약화시킬 수 있다. 유니스왑이나 팬케이크스왑처럼 사용자들이 직접 참여하는 거래소가 활성화되면서, 코인베이스의 거래량을 넘어서고 있기 때문이다. 이는 2021년 3분기 실적 발표에서도 확인할 수 있다. 코인베이스는 시장 예상치를 훨씬 밑도는 매출과 이용자와 거래량 감소 등을 기록하며 주가도 크게 하락했다.

주식거래 플랫폼 '로빈후드'

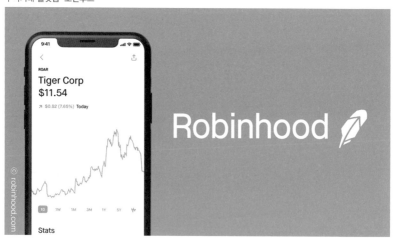

하락장이 두렵지 않은 미국 우량주 28

지금 '코인베이스'를
주목해야 하는 이유

코인베이스는 기본 트레이딩 서비스 외에 프리미엄 금융 서비스, 자체적으로 확보한 데이터 판매, NFT 등 다양한 형태의 디지털 자산의 중개 등을 통해 사업을 다각화해야 한다. 이미 코인베이스는 NFT 사업이 기존 트레이딩 사업보다 커질 것으로 예상해 NFT 시장을 비롯해 다양한 사업을 추진할 것을 밝힌 바 있다.

코인베이스는 결국 가격 변동성이 큰 암호화폐보다 디지털 자산을 중심으로 새로운 서비스를 지속해서 선보일 것이다. 또한, 코인베이스 벤처스를 통해 블록체인 스타트업 투자와 육성에 힘쓸 것으로 보인다. 이미 수십 개의 스타트업에 투자했고, 앞으로 NFT를 비롯한 새로운 블록체인, 암호화폐 서비스를 만드는 스타트업에 투자할 것이다. 다만, 큰 변동성으로 인해 암호화폐 시장에 침체기가 온다면 실적에 큰 영향을 받을 것이다. 또한, 현재 진행 중인 미국 SEC와의 갈등 및 각종 금융 규제에 대한 리스크도 존재한다.

코인베이스는 향후 핵심 비즈니스를 계속 확장하며 플랫폼에 더 많은 서비스를 추가할 것이다. 암호화폐 가격 의존도를 줄이고 더 많은 고객을 유치하고 기존 고객을 유지할 수 있는 비즈니스를 추가할 필요가 있기 때문이다. CEO 브라이언 암스트롱이 밝힌 것처럼 NFT를 비롯한 새로운 디지털 자산이 코인베이스의 비즈니스 확장에 도움이 될 수 있다.

2022년 암호화폐와 주식시장이 함께 침체기에 빠져들면서 코인베이스의 주가도 크게 하락했다. 하지만, 앞으로 암호화폐 시장이 다시 상승할 수 있는 여력과 파생상품 출시 등이 상승의 촉매제가 될 것으로 보인다. 실적과 무관하게 코인베이스는 자체 NFT 플랫폼 론칭 등 지속적인 활동을 이어가고 있다. 작년과 다르지 않게 코인베이스 벤처스를 통해 지속해서 투자를 이어가고 있다. 한동안 IT 업계의 주가 하락과 맞물려 큰 폭으로 주가가 하락했지만, 캐시 우드가 이끄는 아크 인베스트먼트는 2022년 3월 말 28만 8,000주의 코인베이스 주식을 매입했다고 공시했다.

캐시 우드의 투자 방식과 수익에 대해 논란이 있지만, 대형 투자사가 큰 폭으로 떨어진 주식을 매입하는 것은 향후 장기적인 전망에 대해 긍정적인 신호로 받아들일 수 있다. 2022년 이후 실적은 비트코인을 비롯한 암호화폐 시장의 전체적인 분위기와 코인베이스 벤처스를 통해 투자한 블록체인 프로젝트 투자 실적에 따라 크게 좌우될 것으로 보인다.

궁극적으로 비트코인을 비롯한 여러 암호화폐는 많은 인지도를 얻었지만, 아직 주류 금융시장에 완전히 녹아들었다고 보기는 어렵다. 큰 변동성과 국가별 각종 규제 이슈 등 여러 어려움이 계속해서 등장할 것이다. 하지만, 코인베이스는 암호화폐, 블록체인 업계의 선두 기업 중 하나로 앞으로 나아갈 길을 잘 파악하고 있다. 코인베이스는 가장 큰 영향력을 행사하는 대표적인 암호화폐 거래소의 위치를 굳건히 지켜낼 것으로 보이며, 오랫동안 시장을 이끌어갈 수 있는 솔루션을 찾기 위해 적극적으로 노력하고 있다.

로블록스

Roblox

ROBLOX

--- 핵심 요약 ---

- 비디오 게임 플랫폼을 제공하는 로블록스는 코로나로 인해 실내 취미에 대한 관심이 커지며 큰 성장세를 보여왔다. 미국 내 16세 이하 어린이 중 절반 이상이 로블록스 유저이며 2020년 월간 액티브 유저수가 1억 2,000만 명을 돌파했다.

- 로블록스는 2021년 3월 10일 뉴욕 증시에 상장했는데 상장 첫날부터 최고가 74 달러(약 8만 7,000원)까지 오르고 시가총액은 370억 달러(약 44억 원)로 마감하는 등 큰 관심을 모았다.

- 로블록스는 메타버스의 선두주자로 빅테크 기업들이 추구하는 가상현실 비즈니스를 이끌고 있다는 점에서 투자자들이 주목하는 회사다.

회사명	Roblox Corporation
설립연도	2004년
본사	미국 캘리포니아 샌머테이오
홈페이지	www.roblox.com
상장일	2021년 3월 10일
심볼	RBLX
거래소	NYSE
분야	Communication Services
업종	Electronic Gaming & Multimedia

어떤 사업을 하는가?

로블록스Roblox는 현재 전 세계 1억 5,000만 명의 월간 이용자 수를 보유하고 있는 게임 플랫폼이다. 미국 내 16세 이하의 60%가 로블록스 사용자일 정도로 인기가 뜨겁다. 코로나 장기화로 인해 비디오 게임과 같은 실내 취미에 대한 관심이 부상하면서 어린이뿐만 아니라 어른들 사이에서도 로블록스에 대한 관심이 증가했다.

1. 게임 개발 툴 및 3D 가상공간 플랫폼

로블록스를 게임계의 유튜브로 보면 비즈니스 모델을 이해하기 쉽다. 로블록스는 단순히 게임을 만드는 기업이 아니라, 게임 개발자와 플레이

로블록스를 통해 누구나 게임을 개발하고 수익을 창출할 수 있다.

어가 상상하는 3D 가상공간을 실현해주는 플랫폼을 제공한다.

로블록스는 로블록스 스튜디오Roblox Studio라는 자체 게임 개발 툴을 통해 남녀노소 7세 이상이면 누구나 손쉽게 게임 개발자가 될 수 있는 환경을 제공한다. 사용자는 다른 사용자가 만든 게임을 플레이할 뿐만 아니라 스스로 개발자가 되어 게임을 개발할 수 있고 다른 사용자들은 본인이 만든 게임을 플레이할 수 있다.

물론 게임 개발에 필요한 기본적인 프로그래밍 지식이 요구되기 때문에 이를 위해 프로그래밍을 배우는 어린이들 또한 늘고 있는 추세다. 현재까지 로블록스 내 사용자들이 개발한 게임만 4,000만 개 이상이며 장르는 롤플레잉부터 어드벤처, 격투 게임, 시뮬레이션 등 다양하다.

로블록스가 주목받는 데는 소셜 기능과 개발 툴뿐만 아니라 사용자

가 게임 개발을 통해 수익을 창
출할 수 있다는 점이 큰 역할
을 하고 있다. 유튜브가 크리에
이터들에게 광고료를 지불하는
방식과 비슷하게 로블록스 내
게임을 개발한 사용자도 수익
을 얻을 수 있다.

로블록스 기프트 카드

　로블록스 내에서 통용되는

모든 거래는 로벅스Robux라는 가상화폐를 통해 지불된다. 게임 사용자
는 게임 아이템, 특수효과 등을 로벅스로 구매할 수 있다. 로벅스는 현재
1벅스 당 0.0035달러로 13세 이상의 10만 로벅스 이상 소유자일 경우에
만 현금화할 수 있다.

2. 기업 파트너십

　로블록스는 메타버스 선두주자로 여러 기업과 파트너십을 맺고 있
다. 지난 2020년 래퍼 릴 나스 엑스Lil Nas X가 로블록스 플랫폼에서 가
상 콘서트를 열어 3,600만 명의 관객이 접속해 성공을 입증하며 올해도
2021년 7월 소니뮤직과 파트너십을 맺었다. 구찌Gucci와 파트너십을 맺
어 구찌 가든을 선보이고 메타버스 가상공간에서 사용할 수 있는 구찌
가방을 판매해 화제가 되기도 했다.

　나이키 또한 로블록스와 파트너십을 맺어 나이키랜드Nikeland를 만들
어 고객이 미니 게임을 하거나 아바타에 나이키 브랜드 제품을 입혀볼
수 있는 기회를 제공했다. 현재 로블록스와 파트너십을 맺고 있는 대부
분의 기업이 파트너십을 통해 로블록스의 10대 유저에게 브랜드 홍보뿐

구찌와 로블록스의 파트너십으로 탄생한 구찌 가든

만 아니라 멀지않은 미래에 현실화될 메타버스에 빠르게 진입할 수 있도록 로블록스 가상화폐를 통한 판매 또한 준비 하고 있는 셈이다.

핵심 인물은?

로블록스는 2004년 스탠퍼드 공대 출신 데이비드 바수츠키David Baszucki와 에릭 카셀Eric Cassel이 창업했다. 바수츠키는 1989년 교육용 물리학 시뮬레이션 기업인 놀리지 레볼루션Knowledge Revolution을 설립하였고 이 기업은 2,000만 달러(약 200억 원)에 MSC 소프트웨어에 매각되었다.

바수츠키는 MSC 소프트웨어 부사장으로 활동하며 어린이들이 물리학 시뮬레이션 프로그램을 통해 다양한 것을 만드는 것에 영감을 받고

로블록스의 창업자 데이비드 바수츠키

그들이 평소에 가지고 있던 물리학에 대한 열정을 이어 두 번째 스타트업인 다이나 블록Dynablock을 시작하게 되었다. 다이나 블록은 2005년 베타 버전을 출시하며 이름을 '로블록스'로 변경했다.

바수츠키는 이후 엔젤 투자사인 바수츠키 앤 어소시에이트Baszucki and Associates를 설립해 크고 작은 스타트업에 투자하며, 엔지니어로서 기술적인 내공뿐만 아니라 스타트업 성장에 있어 필요한 기업의 자본, 회사 평가 등 경험과 능력을 갖추게 되었다. 2021년에 열린 로블록스 개발자 컨퍼런스(RDC, Roblox Developer Conference) 2021에서 바수츠키가 발표하는 모습을 영상으로 확인할 수 있다.

어떤 회사들과 경쟁하나?

로블록스는 게임 개발이 아닌 사용자가 게임을 만들고 플레이하며 수익화할 수 있는 소셜 3D 환경이자 플랫폼을 제공하는 기업으로 직접적인 경쟁 구도를 형성하는 비즈니스 모델을 가진 기업은 아직 없다.

가장 근접한 경쟁사로는 3D 공간 내에서 사용자가 자유롭게 게임을 플레이할 수 있는 샌드박스 게임 '마인크래프트Minecraft'가 될 수 있다. 로블록스는 메타버스 종목 중 하나인 데다 게임 유저들을 타깃으로 하고 있어 3D 아바타 소셜 서비스를 제공하는 제페토ZEPETO나 게임엔진 개발 플랫폼 유니티Unity, 밸브VALVE, 에픽게임즈Epic Games 등 메타버스 및 비디오 게임 선두주자들과 경쟁하고 있다.

제페토는 네이버 자회사인 스노우SNOW에서 개발한 메타버스 플랫폼으로 다양한 테마의 가상공간 속에서 개인 아바타를 만들고 다른 사람들과 소통할 수 있다. 현재 전 세계 사용자가 2억 명을 넘어섰으며 하이브, JYP, YG 등 유명 아티스트가 소속된 대규모 엔터테인먼트 등이 투자하고 있다.

MZ세대 중심의 메타버스 플랫폼 '제페토'

© zepeto.me

제페토는 삼성, 디즈니, 디올, 퓨마, 스타벅스 등 여러 브랜드와 파트너십을 맺고 메타버스 내에서 다양한 제품을 선보이고 있다. 제페토는 최근 가장 인기 있는 '점프 마스터' 게임을 기점으로 게임 시장도 공략하기 시작했다.

로블록스의 또 다른 경쟁사는 유니티다. 이미 게임 소프트웨어 업계 최고의 기업으로 비디오 게임과 메타버스에 대한 관심이 부상하면서 가장 큰 수혜를 입고 있다. 유니티는 미디어, 증강현실(AR), 가상현실(VR) 분야에도 영역을 확장하고 있고 앞으로 메타버스 3D 콘텐츠 제작을 위해 더 많은 기업들이 유니티를 찾게 될 전망이다.

게임 개발 업계의 정상급 기업인 밸브나 에픽게임즈 또한 오래전부터 메타버스 개발에 힘써오고 있다. 에픽게임즈는 최근 음악 게임 스튜디오 하모닉스Harmonix를 인수해 자사 게임인 포트나이트Fortnite에 음악 기능을 추가했으며 향후 메타버스 사업에도 적극 투자할 것이라 밝혔다.

지금 '로블록스'를
주목해야 하는 이유

최근 메타버스에 대한 관심이 뜨겁다. 기존 검색 포털 사이트나 소셜미디어 시대가 지나가면 메타버스 시대가 올 것이라는 전망이 크다. 페이스북 또한 '메타Meta'로 사명을 변경한 데다 게임과 메타버스가 갖는 관계성이 꽤나 두터워 에픽게임즈, 유니티 등 대기업들이 메타버스 투자에 박차를 가하고 있다.

로블록스는 2021년 4분기 실적 발표에서 적자를 발표하며 주가가 급락했는데, 이는 아직 로블록스가 광고사업을 시작하지 않고 플랫폼 자체만으로 수익을 창출하는 구조이기 때문이라는 의견이 있다. 뿐만 아니라 코로나 확산세가 둔화되자 사용자들이 야외활동을 즐기며 전반적인 메타버스와 게임 시장이 타격을 입고 있다.

이런 상황에도 불구하고 로블록스는 현재 메타버스에 투자하는 기업들 중 유일하게 메타버스 콘텐츠를 직접 제공하며 시장의 선두주자로서 향후 전망이 밝은 기업이다.

로블록스의 향후 방향은 크게 세 가지로 볼 수가 있다. 첫 번째는 메타버스 생태계의 성장에 따라 글로벌 게임 시장이 크게 바뀔 것이고 기존 온라인에서만 즐길 수 있던 게임이 메타버스에서 가능하게 될 것이라는 점에서 로블록스의 역할이 중요해질 전망이다. 이미 대학교의 입학식, 콘서트 등이 가상세계에서 열리며 앞으로 메타버스 내에서 펼쳐질 다양한 활동에 로블록스가 중심이 될 것이란 의견이 많다.

두 번째는 탄탄한 개발자 생태계를 확보하고 있는 부분이다. 로블록스는 게임 플레이어뿐만 아니라 개발자를 위한 툴 제공 및 현실 세계와 연동, 아바타 제작 등 다양한 기능을 통해 미래 메타버스에 부합하는 환경을 구축한다. 개발자들이 게임 개발을 통해 수익화할 수 있는 로벅스 가상화폐 또한 개발자 생태계를 유지하는 데 긍정적인 요소로 작용한다.

세 번째는 지난 2019년 중국 텐센트Tencent와 파트너십을 체결하는 등 중국 진출을 통해 빠른 성장을 할 예정이다. 이미 중국 내 큰 성공을 거둔 마인크래프트에 이어 로블록스도 중국 내에서 더 많은 유저를 확보할 것으로 전망된다.

임핀지

Impinj

─── **핵심 요약** ───

- 임핀지는 RFID 기술을 이용해 태그칩, 장비, 소프트웨어를 만드는 기업으로 해당 기술은 물류, 재고관리, 도난방지 등 데이터를 가공하고 수집하는 데 쓰인다.

- 바코드가 품목 단위의 식별에 한정되었다면, 임핀지의 'Passive UHF tag'에는 동일 품목의 개별상품을 원거리에서 식별할 수 있어 각 상품이 고유한 ID를 갖게 되며, 현재까지 무려 50조 개가 넘는 아이템을 디지털로 연결했다.

- 구글, 인텔, 스미트랙과 함께 UHF RFID 스탠더드를 구성하고 RAIN RFID 얼라이언스를 결성했는데, 160개 파트너사가 참여한 이 단체로 인해 UHF RFID의 가격은 낮아지고 성능은 올라가 UHF RFID를 도입하는 고객사가 늘어났다.

한눈에 살펴보기

회사명	Impinj, Inc.
설립연도	2000년
본사	미국 워싱턴 시애틀
홈페이지	www.impinj.com
상장일	2016년 7월 21일
심볼	PI
거래소	NASDAQ
분야	Technology
업종	Communication Equipment

어떤 사업을 하는가?

자라ZARA 매장에서 제품을 구매했다면 옷에 붙어있던 가격표를 버리지 말고 자세히 살펴보자. 무엇이 보이는가? 겉으론 가격표와 바코드, 사이즈만 보이지만 그 안에는 RFID 태그가 숨겨져 있다. 옷이 생산되고 판매되는 전 과정을 담고, 매장을 떠나는 그 순간까지 RFID 태그는 자라에게 당신이 구매한 제품에 대해 수많은 정보를 기록하고 수정하고 추출할 저장소가 되어준다.

자라는 해당 RFID 솔루션을 통해 각 의류에 고유 ID를 부여해 개별 식별한다. 이는 효율적인 유통, 재고관리 신뢰성 향상, 빠른 매장 내 상품 위치 관리를 할 수 있게 도와준다.

임핀지 RFID 태그와 휴대용 리더기

　자라는 운영 정책상 운영 시간이 지나면 매장 문을 닫고 모든 재고를 확인해야 한다. 바코드를 사용할 때는 5명이 2~3시간 걸린 것에 반해 RFID를 사용할 때는 2명이 30분 이내로 일을 마칠 수 있다. 바코드는 1초에 2~3개 읽을 수 있는 데 RFID 태그는 300개 정도를 인식할 수 있다.

　RFID 솔루션은 더 나은 고객 경험을 만들기도 한다. 고객이 원하는 사이즈가 매장에 없을 때 RFID 태그를 스캔해서 근처 매장 재고 여부를 확인하거나 온라인으로 주문할 방법을 소개해서 구매로 이끈다.

　유니클로Uniqlo, 리바이스Levi's 같은 의류기업을 넘어 코카콜라Coca-Cola, 노르웨이우체국, 볼보Volvo, 한미제약 등 많은 고객이 RFID 기술을 사용해 효율성, 신속성, 정확성을 높이고 있다. 이 모든 기술은 RAIN RFID 기술로 이루어진다. 그리고, 그 뒤에는 RAIN RFID 주요 공급자인 '임핀지Impinj'가 있다.

1. RFID 솔루션

임핀지는 RFID 하드웨어와 소프트웨어를 만드는 제조업체이다. RFID 태그칩, RFID 리더칩을 공급하는데 임핀지의 파트너들은 임핀지가 제공하는 칩을 통해 RFID 태그, RFID 휴대용 리더기, RFID 프린터를 생산한다. 전 세계 수많은 컴퓨터 속에 인텔Intel의 CPU가 들어있다면 수많은 RFID 솔루션 속에 임핀지의 칩이 들어있다.

임핀지의 핵심 부서는 엔드포인트 ICs와 시스템 사업부이다. 엔드포인트를 직역하면 '끝점'이다. 네트워크에 마지막으로 연결된 물리적인 IT 장치를 뜻하며 보통 스마트폰이나 PC, 노트북을 말하지만 RFID 분야에서는 RFID 태그를 엔드포인트라고 부른다. 엔드포인트 ICs 사업부는 RFID 태그를 위한 아주 작은 칩을 만드는 부서이다. 이 칩으로 식별 번호를 부여하고 사용자의 데이터 저장, 보안, 인증 외에 다양한 기능을 추가할 수 있다.

임핀지의 메이저 파트너인 에이버리 데니슨Avery Dennison은 종이, 마일라Mylar(전기 절연재), 에칭 안테나에 이 칩을 부착해 RFID 태그를 만들고 고객에게 판매한다.

시스템 사업부는 리더칩, 리더기, 게이트웨이를 생산한다. 임핀지의 파트너들은 리더칩을 이용해 가볍고 이동 가능한 형태인 RFID 휴대용 리더기를 만들고, 리더기와 게이트웨이는 직접 생산한다. 이 기기들을 통해 RFID 태그를 읽고, 쓰고, 인증하고 사용한다.

2. 사물인터넷 활용

임핀지의 비전은 '무한한 사물인터넷(Boundless Internet of Things)'이다. 사물인터넷은 각종 사물에 센서와 통신 기능을 내장해 인터넷에 연

각 제품에 임핀지의 RFID 칩을 부착해 간편하게 재고관리를 할 수 있다.

결하는 기술이다. 지금까지는 스마트워치, 자율주행 자동차, 스마트 스피커 같은 전력이 연결된 전자기기에만 한정 지었다.

하지만 임핀지는 전력이 공급되지 않는 일반 사물에도 사물인터넷을 적용하고자 한다. RFID 태그칩 기술을 사용해 해당 사물의 디지털 트윈 Digital Twin(현실세계의 기계나 장비, 사물 등을 컴퓨터 속 가상세계에 구현한 것)을 만들고 원하는 정보를 기록한다. 이렇게 현재까지 5조 개가 넘는 아이템을 연결했다.

우리 삶 속에 사용되고 있는 RFID를 살펴보면 공항에서 항공 수화물 체크인을 할 때 태그 스티커 안에 RFID 칩을 넣어 실시간 위치와 상태를 파악한다. 병원에서는 의약품 유통기한, 온도, 습도 같은 중요한 정보를 RFID 태그 내에 저장해 관리한다. 마라톤에서 참가자들은 RFID 태그가 심어진 번호판을 붙이고 경주하고 위치와 시간 그리고 결승점 도착 시간을 0.001초 단위로 체크한다.

2020년 연간 리포트를 보면 임핀지의 연 매출은 1억 3,800만 달러(약 1,656억 원)이다. 엔드포인트 ICs 사업부는 1억 200만 달러(약 1,224억 원) 매출을 기록했으며 전체 매출 중 73%를 차지한다. 시스템 사업부는 3,600만 달러(약 432억 원) 매출을 기록했으며 전체 매출 중 27%를 차지한다.

핵심 인물은?

공동창업자인 카버 미드Carver Mead는 캘리포니아공과대학교에서 응용과학과 엔지니어링을 가르치는 교수였고, 또 다른 공동창업자이자 현 CEO인 크리스 디오리오Chris Diorio는 카버 교수 아래에서 박사 과정을 공부했다.

1995년 미드와 디오리오는 뇌 시냅스에서 착안해 메모리 저장이

임핀지의 CEO 크리스 디오리오

가능한 단일 트랜지스터 실리콘 시냅스를 개발했고, 그 이후 저전력 플로팅 게이트 트랜지스터(Floating-gate MOSFET) 기술을 개발했다.

임핀지는 이 기술을 토대로 2000년 3월 회사를 설립했고, 해당 기술을 활용해 RFID 태그칩을 개발했다. 'EPC 코드'는 물리적인 사물에게 고유의 ID를 부여하는 국제규격 코드인데 임핀지는 2006년, EPC UHF Gen2 프로토콜을 처음으로 적용한 RFID 태그칩을 선보이며 시장의 주목을 받았다. 당시 월마트에 1만 5,000개 RFID 리더기를 공급하는 프로젝트를 경쟁사였던 에일리언 테크놀로지Alien Technology와 공동으로 진행했다고 소문이 퍼지기도 했다.

성능 좋은 RFID 기술을 만들어냈지만, 초기 RFID 시장은 쉽게 커지지 않았다. 이미 바코드가 자리 잡은 상태였고, 무료인 바코드에 비해 RFID 태그 가격은 터무니없이 비싼 상황이었다. 이에 CEO 디오리오는 UHF RFID 시장 자체를 키울 구상을 했다.

WiFi 얼라이언스, NFC 포럼 같은 비영리단체가 해당 기술에 대한 규격을 만들고 시장을 키운 것에 착안해 구글, 인텔, 스마트랙Smartrac과 함께 새로운 규격을 구성하고 정부를 설득해 'RAIN RFID 얼라이언스RAIN RFID Alliance'를 설립한다.

기술 표준이 생기고 참여자가 늘어나면서 UHF RFID는 가격은 낮아지고 성능은 올라가 점차 고객들의 선택을 받기 시작했다. 2020년 말 기준 160개 파트너사가 참여한 이 단체는 업계 표준으로 인식되고 있다. RAIN 표준을 사용하면 약 10미터 거리에서 직선거리가 아니더라도 1초당 1,000개 RFID 태그를 인식할 만큼 성능을 끌어낼 수 있다. 디오리오는 RAIN RFID 얼라이언스 전 회장이고 현재는 이사로 활동하고 있다.

어떤 회사들과 경쟁하나?

임핀지는 2008년 인텔의 RFID 사업부를 인수하면서 RFID 리더칩 'R1000'을 보유하며 RFID 태그부터 모바일 리더, 고정형 리더, 소프트웨어까지 UHF RFID 시스템 전체를 공급할 수 있는 업체가 되었다. 임핀지는 크게 3가지 부문에서 다양한 경쟁사들이 존재한다.

RFID 태그칩 부문 경쟁사인 NXP는 2020년 기준 세계 2위의 자동차 반도체, 보안 반도체 기업이다. 소니와 공동으로 NFC 기술을 개발한 이 기업은 e-여권에 사용하는 칩을 제조하고 우리가 매일 사용하는 교통카드 칩셋을 만든 기업이기도 하다. 2019년 7월 임핀지는 NXP를 상대로 특허 침해 소송을 제기했고 4개월 뒤 NXP는 임핀지를 상대로 다른 특허침해 소송을 진행하고 있다.

'NXP'의 NTAG 스마트 센서 활용 모습

'에일리언 테크놀로지'의 칩과 리더기

가장 많은 부문에서 경쟁을 하는 기업은 에일리언 테크놀로지이다. 에일리언 테크놀로지는 1994년 설립되어 RFID 산업 초기부터 선도적 역할을 하며 산업에 기여한 기업이다. RFID 글로벌 표준을 주도하는 단체인 EPC글로벌EPCglobal, MIT 오토 ID 랩스Auto-ID Labs의 설립 멤버이자 EPC글로벌의 Class1 Gen2 RFID 표준 입안을 주도했다. 에일리언 테크놀로지는 태그칩을 공급하기도 하지만 직접 RFID 태그를 만들고, RFID 컨베이어, 검수기 등 다양한 제품군을 보유하고 있다. 리더기와 게이트웨이 부문에서는 임핀지의 경쟁자이긴 하지만 임핀지의 리더칩을 구매해서 생산하고 있다.

지금 '임핀지'를
주목해야 하는 이유

　임핀지의 적자 폭은 팬데믹이 발생한 2020년, 5,180만 달러(약 621억 원)로 최대치를 기록했다. 고객들의 RFID 설비에 대한 투자 감소는 판매량 감소, 재고 물량 증가로 이어졌고, 매년 리서치와 개발에 영업 이익의 30%에서 많게는 50%까지 투자하던 임핀지의 전략은 큰 부담으로 돌아왔다.

　하지만 투자자들은 현재의 적자보다는 임핀지가 만들어온 다양한 포트폴리오와 우위를 점한 성능 그리고 소프트웨어를 높게 평가하고 있다. 다양한 파트너와 함께 만들어놓은 RAIN 플랫폼은 많은 고객이 선택할 것이고, 더 나아가 RFID 시장이 현재보다 폭발적으로 성장할 것이라고 믿고 있다.

　IDtechEx가 발표한 RFID 시장 관련 보고서에 따르면 총 RFID 시장은 2022년 129억 8,000만 달러(약 15조 원)에서 7년 뒤인 2029년에는 172억 3,000만 달러(약 20조 원)로 성장할 것으로 보고 있다.

　이는 모든 종류의 태그들인 LF(Low-Frequency), HF(High-Frequency), UHF(Ultra-High-Frequency)와 NFC 리더기, RFID 관련 모든 솔루션 시장을 전부 합한 것이다. 각 태그별 주요 사용처가 나뉘어 있는데 LF 태그는 가축사육, HF 태그는 비접촉카드(예를 들어 교통카드), UHF 태그는 의류 리테일이다.

임핀지가 속해있는 UHF RFID 태그의 수는 2021년 2만 개를 돌파했고 2029년에는 10만 개로 싱장할 것으로 예측되는데 5배수 이상의 태그를 만들어냄에 따라 태그 가격도 획기적으로 낮아질 것으로 예상된다. 현재 UHF RFID 태그는 높은 가격으로 상품 비용이 많이 드는 몇 리테일 분야에 한정되어 적용되어 왔다. 하지만 앞으로는 가격이 낮아짐에 따라 공급망, 물류, 항공수화물, 헬스케어 분야에도 도입이 앞당겨질 것으로 예상된다.

임핀지의 비전대로 무한한 사물인터넷이 되는 세상은 머지않아 가능해질 것으로 보인다. 고객에 대해 속속들이 파악하고자 빅데이터 전쟁을 하는 수많은 기업들과 작은 것을 구매해도 어디서 만들어졌는지, 어떻게 만들어졌는지를 궁금해 하는 MZ세대의 성향을 보면 예상할 수 있다. 그런 세상이 어느 시점에 올 지는 아직 미지수이지만 한 가지 확실한 건 임핀지가 그 세상을 빠르게 앞당길 기업이라는 것이다.

지브라 테크놀로지
Zebra Technologies

──── **핵심 요약** ────

- 지브라 테크놀로지는 바코드와 RFID로 오프라인 물품을 디지털화해 관리하는 AIDC 하드웨어와 소프트웨어 전반을 제공하는 기업이다.

- 포천 500대 기업 중 95%, 180개국에 지브라 고객이 있으며, 물류 현장 뿐 아니라 헬스케어, 리테일, 요식업, 제조업 등에서 다양하게 사용된다.

- 팬데믹으로 인해 지브라의 기술을 채택해 디지털화를 가속하는 기업 고객들이 늘고 있다.

회사명	Zebra Technologies Corporation
설립연도	1969년
본사	미국 일리노이 링컨셔
홈페이지	www.zebra.com
상장일	1991년 8월 15일
심볼	ZBRA
거래소	NASDAQ
분야	Technology
업종	Communication Equipment

어떤 사업을 하는가?

슈퍼마켓에서 장을 보고 난 후 셀프로 계산을 한 적이 있다면 지브라 테크놀로지Zebra Technologies(이하 지브라) 제품을 만났을 가능성이 크다. 스캐너로 바코드를 찍으면 제품 정보와 가격이 표시되는 일련의 과정이 바로 지브라 시스템을 통해 이뤄지기 때문이다.

바코드는 생각보다 오래 전부터 우리 일상 속에 존재해왔다. 물품 정보를 숫자로 입력하면 시간이 오래 걸리고, 실수할 확률도 높지만 바코드를 통해 스캔 한번으로 정확하게 정보를 입력할 수 있다.

지브라(얼룩말)가 흰 바탕에 검은색 줄무늬를 가진 말이라면 지브라는 흰 바탕에 검은색 줄무늬를 가진 바코드에 테크놀로지를 추가해 산업용

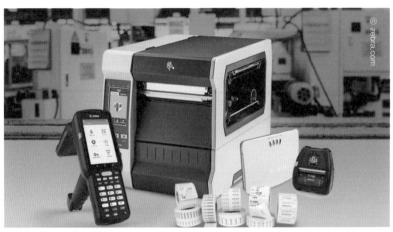

지브라의 바코드 프린터 제품들

솔루션을 공급하는 기업이다.

1. 자동식별 및 데이터 캡처 솔루션

지브라는 바코드와 RFID를 이용한 AIDC(Automatic Identification and Data Capture, 자동식별 및 데이터 캡처) 분야의 최강자로 오랜 기간 군림하고 있다. 고객들은 지브라 솔루션으로 운영 효율화, 워크플로 최적화, 자산 활용성 증가, 규정 개선, 고객 경험 향상, 물류 능력 향상을 이뤄낼 수 있다.

지브라는 엔지니어였던 에드워드 캐플런Edward L. Kaplan과 거하드 클레스Gerhard Cless 두 명의 설립자가 1969년 데이터 스페셜리스티스Data Specialistes Inc.라는 이름으로 시작했다. 초기엔 천공기나 테이프 리더기를 제조해 기업 고객들의 사업 효율성을 높이는 걸 도왔다.

1980년대에 들어 바코드 시스템을 채택하는 슈퍼마켓들이 다수 등장함에 따라 1982년 '더 지브라The Zebra'라는 첫 번째 바코드 프린터를 출시한다. 이 제품을 통해 바코드 라벨을 쉽게 만들고 높은 화질로 출력할 수 있었고, 1986년 열전사 프린터의 성공과 함께 바코드 사업에 전력을 다하기로 하면서 회사명을 '지브라 테크놀로지'로 변경했다.

시브라에는 크게 2가시 사업부가 존재한다. 첫 번째 사업부는 AIT(Asset Intelligence & Tracking)이다. 바코드 프린터와 위치 파악용 소프트웨어 솔루션, 리테일 솔루션 등을 개발, 판매한다. 최근 신선식품 배송 시장이 급성장하면서 시간, 물품의 온도, 습도 등을 기록할 수 있는 태그를 부착해 상품 신선도를 모니터링하고 물품의 위치와 고객에게 배송 시간까지 기록하는 솔루션이 좋은 예이다.

두 번째 사업부는 EVM(Enterprise Visibility & Mobility)이다. 모바일 컴퓨터와 데이터 캡처, RFID, 서비스와 관련 솔루션이 있다. 택배기사가 최

지브라의 데이터 캡처 솔루션 활용 모습

종 고객에게 물품을 전달할 때 모바일 컴퓨터로 바코드를 스캔해 배송완료 정보를 입력 후 배송을 마치기도 하고, 물류 창고에서 물품의 입출고 및 정리를 위해 사용하기도 한다. 또한 의류에 붙어있는 가격표 안에는 RFID 태그가 내장되어 있는데 매장에 있는 수백, 수천 장의 옷을 RFID 태그 고유의 ID를 읽어 10초 안에 파악할 수도 있고, 그날 판매한 수량을 확인한다던지 창고에 있는 재고 유무를 체크하는 용도로 사용한다.

2021년 연간 리포트를 보면 지브라의 연 매출은 56억 달러(약 6조 7,000억 원) 규모다. AIT 사업부는 17억 달러(약 2조 1,000억 원) 매출을 기록했으며 전체 매출 중 30%를 차지했다. EVM 사업부는 39억 달러(약 4조 9,000억 원) 매출로 전체 매출 중 70%를 차지했다. 팬데믹 상황에서 더 많은 기업들이 지브라의 솔루션을 채택하고 있어 2021년도 매출은 2020년 대비 21.2% 증가했다.

지브라는 오랜 기간 B2B 위주의 사업을 하며 전 세계 1만여 개 기업들과 함께 성장했다. 지브라 하드웨어에 각 지역 파트너들이 가진 솔루션이 작동하며 다양한 고객들에게 딱 맞는 맞춤형 솔루션을 공급해왔다. 〈포천Fortune〉 500대 기업 중 95%, 전 세계 180개국의 다양한 비즈니스 환경에서 지브라의 솔루션이 채택되어 사용되고 있다.

핵심 인물은?

지브라의 핵심 인물은 공동 창업자 에드워드 캐플런과 거하드 클레스를 꼽을 수 있다. 캐플런은 일리노이 기술대학교를 우등으로 졸업하고,

공동창업자 에드워드 캐플런(왼쪽)과 거하드 클레스(오른쪽)

클레스는 독일 에슬링겐대학교에서 기계공학과를 졸업한 엔지니어 출신
이다. 두 엔지니어는 천공기와 테이프 판독기를 제조하면서 비즈니스를
시작했다.

두 사람은 업계 흐름이 바코드로 전환되는 1980년대에 좋은 화질과
퀄리티로 바코드를 출력할 수 있는 바코드 전문 프린터기 수요가 있음
을 포착했고 지금의 지브라 테크놀로지의 기반을 마련했다.

전 세계 바코드 프린터 수요가 급증함에 따라 매년 지브라의 매출도
성장해 1991년 기업공개 당시 전체 바코드 시장 크기가 3억 8,000만 달
러(약 4,856억 원) 규모로 추정되었을 때 지브라는 약 25% 점유율을 가지
고 있었다.

지브라의 핵심 엔지니어인 에드 바칸(왼쪽에서 두 번째)

두 창업자가 바코드 프린팅이 속해 있는 AIT 사업부로 지브라를 만들어 냈다면 EVM 사업부는 폭발적인 성장을 이뤄냈다. EVM의 핵심은 바코드 스캐너인데 스캐닝 분야는 특허가 중요하다. 더 빠르고 정확하게 읽는 알고리즘이 핵심인데 이걸 소프트웨어와 하드웨어로 구현해야 한다.

그 중심에는 엔지니어 에드 바칸Ed Barkan이 있다. 그는 스캐닝과 관련한 미국 특허 293개를 보유하고 있는데 이는 지브라가 보유한 데이터 캡쳐 솔루션 특허 전체의 17%에 해당한다. 그는 1977년 심볼 테크놀러지Symbol Technologies에 입사해 세계 최초로 휴대용 스캐너인 LS1000을 만들기도 했다.

이후 심볼이 모토로라에 인수되고, 2014년 지브라가 모토로라 엔터프라이즈 부문을 인수하면서 지브라에 합류했다. 현재 에드 바칸은 'AIDC 분야의 에디슨'으로 불리며 40년 넘게 현역으로 일하고 있다.

하락장이 두렵지 않은 미국 우량주 28

어떤 회사들과 경쟁하나?

지브라는 바코드 프린터, 위치 파악용 솔루션, 리테일 솔루션, 모바일 컴퓨팅, RFID 등 많은 종류의 솔루션을 공급하는 회사인 만큼 경쟁사들이 크게 네 분야로 구분된다.

데이터 캡쳐 및 RFID 분야에서는 데이터로직Datalogic, 허니웰Honeywell, 블루버드Bluebird, 파나소닉Panasonic, 뉴랜드Newland, 임핀지 등이 있고, 바코드 프린터 분야에서는 파고 엘렉트로닉스Fargo Electronics(HID Global 자회사), 허니웰, 사토Sato, 도시바Toshiba TEC 등이 있다. 위치 파악용 솔루션 분야에서의 경쟁 기업으로는 시스코Cisco, 임핀지, 스탠리 헬스케어Stanley Healthcare 등이 있고, 워크플로 최적화 솔루션 분야에서는 세리디안Ceridian, 시스코, 크로노스Kronos, 시어트로Theatro, 워크잼Workjam 등과 경쟁하고 있다.

그 중 허니웰은 모바일 컴퓨팅, RFID, 바코드 및 카드 프린터 영역에서 지브라와 항상 경쟁하며 2위 자리를 굳건히 지키고 있다. 허니웰은 크게 4개 사업부(항공우주, 빌딩 테크놀로지, 기능성 소재, 안전 및 생산성 솔루션)를 운영하는데 지브라와 경쟁하는 영역은 안전 및 생산성 솔루션이다.

지금 '지브라 테크놀로지'를
주목해야 하는 이유

코로나 팬데믹으로 온라인 구매가 활발해졌고 e-커머스 분야의 폭발적인 성장과 함께 물류도 진화하고 있다. 지브라는 2024년 전자상거래에 속해있는 고객 매출이 2배 이상 증가하고 2026년까지 택배 물량이 전 세계적으로 100% 이상 증가할 것으로 예측하고 있다. 지브라의 모바일 컴퓨팅, 바코드 프린터에서부터 워크플로 최적화, 배송 솔루션까지 토탈 솔루션을 필요로 하는 기업들이 더 늘어난다는 것을 의미한다.

온라인 쇼핑을 하는 사람이라면 우유나 과일도 당일 배송 받는 삶에 익숙해졌을 것이다. 신선하게 상품을 운송하는 콜드체인 시장은 연 15% 증가세를 보이고 있다. 적정 온도를 유지하고 빠른 배송을 하기 위해서는 상품의 상태, 온도, 배송시간, 위치 등 다양한 데이터를 실시간으로 종합하고 분석해야 한다. 단순 신선배송에만 해당되는 이야기가 아니다. 물류, 헬스케어, 리테일, 요식업, 제조, 정부, 운송 모든 분야에서 IoT로 연결해 수많은 데이터를 쌓기 시작하고 있다.

지브라는 시장 트렌드에 맞춰 M&A(인수합병)로 새로운 산업용 솔루션을 추가하고 있다. 워크플로 매니지먼트 리플렉시스Reflexis, 비전 베이스의 AI

솔루션 코르테시카Cortexica, 리테일 분야에서 분석처방을 제공하는 프로피텍트Profitect, 온도 모니터링 라벨과 기기를 생산하는 템프타임Temptime Corporation, 산업용 태블릿 제조업체 엑스플로Xplore, 물류 창고 이동로봇 펫치로보틱스Fetch Robotics까지 최근 4년간 지브라가 인수한 기업들이다.

이에 따라, 지브라의 주가도 상승중이다. 2020년 3월 20일 주당 179.38 달러였던 주가는 2021년 12월 10일 614.55달러로 최고가를 기록하고 현재는 2022년 4월 1일 기준 423.72달러를 유지하고 있다.

2021년 7월 22일자 코로나 백신 관련 뉴스를 보면, 한국에서 백신 폐기가 빈번하게 일어났는데 86%는 백신 보관 적정 온도 일탈로 폐기 되었었다고 한다. 미국의 경우 지브라가 2019년 인수한 템프타임 태그를 이용해 백신이 생산될 때부터 창고 보관, 운송, 배송 그리고 접종까지 모든 과정을 트래킹해 온도가 25도 이상으로 올라간 시간이 지속되면 경고를 보내어 바로 조치를 취할 수 있는 솔루션이 적용되었다고 한다.

물류혁신이 중요해지고 있는 지금, 슈퍼마켓 운영을 위한 필수도구에서부터 코로나 백신 물류 지킴이까지 다양한 산업에서 사용되고 있는 지브라의 솔루션과 지브라 테크놀로지의 성장이 기대된다.

아이온큐

IonQ

─── **핵심 요약** ───

● 아이온큐는 양자 컴퓨터 분야에서 세계적 권위를 인정받고 있는 연구자들이 창업한 양자 컴퓨터 하드웨어 제조 전문 기업이다.

● 아이온큐는 현재 상온에서 운영 가능한 양자 컴퓨터를 제조할 수 있는 유일한 기업으로 클라우드에 이미 양자 컴퓨팅을 실제로 제공하고 있다.

● 아이온큐는 탁월한 기술력과 빠른 양자 컴퓨팅 생태계 구축을 통해 양자 컴퓨팅계의 선도 기업이 될 가능성이 크다.

회사명	IonQ, Inc.
설립연도	2015년
본사	미국 메릴랜드 칼리지파크
홈페이지	ionq.com
상장일	2021년 10월 1일
심볼	IONQ
거래소	NYSE
분야	Technology
업종	Computer Hardware

어떤 사업을 하는가?

아이온큐IonQ는 양자 컴퓨터를 개발하는 기업으로, 아이온큐의 사업 모델을 이해하려면 먼저 양자의 개념을 알아야 한다.

우리가 아는 현재의 컴퓨터는 일반적으로 이진수, 즉 0과 1을 가지고 모든 정보를 처리한다. 우리가 보는 모든 정보는 0과 1의 조합을 통해서 표시가 되는 것이다. 내부에서는 전기신호를 통해서 0과 1을 구분하고 반도체들이 이러한 전기신호를 받아서 정보를 구성하고 또 처리하게 된다. 그런데 이 방식은 하나의 반도체를 가지고 0과 1을 동시에 표현하고 처리할 수는 없기 때문에 표현해야 하는 정보가 커지면 커질수록 반도체 수를 늘려야 한다. 이 부분은 현재 정보처리 방식이 갖는 근본적인 한계라고 볼 수 있다. 이러한 한계 때문에 기존 반도체는 지속해서 반도체의 수는 늘리되 크기를 줄임으로써 회로 집적도를 높이는 방향으로 발전해왔다

양자는 이러한 한계를 근본적으로 해결할 수 있는 개념이다. 양자는 에너지를 쪼개고 쪼갠 최소 단위로 기존의 방식과 달리 0과 1을 동시에 표현하고 처리할 수 있다. 그래서 기존의 계산방식에서는 정보처리의 양에 따라 반도체의 개수가 증가하고 계산 시간도 증가할 수 있는데 반해, 양자는 0과 1을 동시에 공존시킬 수 있다는 강점을 통해 기존 한계를 극복하고 기존에는 슈퍼컴퓨터로도 매우 오래 걸려서 풀기 어려웠던 문제들을 어마어마한 속도로 빠르게 해결할 수 있을 것으로 기대되고 있다.

1. 상온 작동 가능한 양자 컴퓨팅 기술

아이온큐는 2015년 설립된 기업으로 김정상 듀크대학교 교수와 크리스 몬로Chris Monroe 메릴랜드대학교 교수가 창업했다. 세계 최초로 상장된 양자 컴퓨터 스타트업이기도 하다.

아이온큐가 개발한 양자 컴퓨터는 다른 양자 컴퓨터 모델이 극저온에서만 가동되던 한계를 넘어 상온에서도 작동된다. 뿐만 아니라 기존 클라우드 서비스에서도 사용이 가능하다는 장점이 있다.

양자 컴퓨팅의 미래는 매우 밝다. 연산량의 한계로 풀지 못했던 기존의 문제를 대거 해결할 수 있기 때문이다. 구글, 삼성전자, 아마존, 현대자동차, 아랍에미리트 국부펀드 등 많은 회사가 이미 아이온큐에 투자하면서 상업적 성공 가능성을 보이고 있다.

아이온큐는 현재 자사의 양자 컴퓨터 능력은 22큐비트(양자 정보의 기본 단위) 수준이지만 2028년까지 1,024큐비트까지 높일 계획이라고 밝

다른 양자 컴퓨터들과 달리 상온에서도 작동하는 아이온큐의 양자 컴퓨터

혔다. 256큐비트만 있어도 태양계 전체 원자수를 표현할 수 있다고 하니 1,024큐비트는 상상을 초월하는 연산 능력임에 틀림없다.

핵심 인물은?

아이온큐의 공동 창업자 중 한 명인 김정상 듀크대학교 교수는 서울 대학교 물리학과를 졸업하고 스탠퍼드대학교에서 박사 학위를 취득한 한국인이다.

그는 일찌감치 박사과정 시절에 〈네이처Nature〉에 광물리학 논문을 게 재하면서 물리학 응용분야에서 세계적인 명성을 쌓아오고 있었다. 이후

Peter Chapman
President & CEO

Jungsang Kim
Co-Founder & CTO

Thomas Kramer
Chief Financial Officer

Chris Monroe
Co-Founder & Chief Scientist

© ionq.com

아이온큐 경영진

그는 양자 컴퓨터를 지속해서 연구했고 여러 언론과의 인터뷰에서 양자 컴퓨터의 시대가 올 것이라고 전망했다. 특히, 수차례 양자 컴퓨터를 컴퓨터, 인터넷과 같이 급격한 변화를 이끌어 낼 수 있는 기술로 소개하면서 기술에 대한 확신을 보였다. 아이온큐가 하루 아침에 등장한 것이 아니라는 것을 그의 경력에서 읽을 수 있다.

그와 함께 아이온큐를 창업한 크리스 먼로 교수는 양자 컴퓨팅 분야의 물리학자이면서 엔지니어로 미국 국립과학원의 회원이다. 미국 국립과학원은 공식적으로 미국 정부의 과학, 기술 분야 자문을 맡고 있는 학술 단체이며 150년이 넘는 전통을 자랑한다. 전체 회원 중 약 10%가 노벨상 수상자일 정도로 세계적으로 권위가 있는 학회이다.

김정상 교수는 한국의 스타트업 행사인 컴업COMEUP에도 2020년에 연사로 참여할 정도로 산업계와 커뮤니케이션을 적극적으로 이어오고 있다. 크리스 먼로 교수는 그의 논문을 읽은 벤처 투자가 해리 웰러Harry

Weller를 만나게 되면서 양자 컴퓨팅 사업화에 나서게 되었다. 해리 웰러는 먼로의 논문에서 설명한 '이온트랩Ion-Trap'이라는 방식을 보고 자금을 지원하기로 결정했고 크리스 먼로 교수는 김정상 교수와 아이온큐를 설립하기로 결심하게 된다.

그들은 2019년 5월 아마존 프라임의 엔지니어링 디렉터였던 피터 채프먼Peter Chapman을 CEO로 영입했다. 피터 채프먼은 MIT 출신으로 인공지능 등 기술에 대한 이해도가 높은 데다 많은 창업 경력을 가지고 있었기 때문에 CEO로 선임된 것으로 보인다.

어떤 회사들과 경쟁하나?

아이온큐의 경쟁사는 구글, IBM 등의 빅테크 기업과 퀀텀 머신스Quantum Machines, 허니웰 등의 기업이 있으나 양자 컴퓨팅이 아직은 상용화 단계에 이르지 못한 관계로 누가 먼저 상용화에 성공할지가 중요한 포인트라고 할 수 있다.

IBM은 127개의 큐비트를 이용한 이글 프로세서를 〈IBM 퀀텀 서밋 2021IBM Quantum Summit 2021〉 행사에서 공개했다. 제이 감베타Jay M. Gambetta IBM 퀀텀 부사장은 양자 컴퓨팅의 상용화는 향후 10년 내에 가능할 것이라고 언급했다. IBM은 2023년까지 1,000큐비트의 양자 컴퓨터를 개발하는 것을 목표로 하고 있다.

구글 역시 양자 컴퓨터 '시커모어Sycamore'를 공개하며 향후 10년 내에 상용화를 목표로 10년 로드맵을 세우고 6단계 마일스톤 중 2단계를 수행하고 있다고 밝혔다. 시커모어는 약 53큐비트의 양자 컴퓨터이다.

퀀텀 머신스는 이스라엘의 스타트업으로 최근에 5,000만 달러(약 634억 원)에 달하는 시리즈B 투자를 받으며 화제가 되었다. 현재 양자 프로세서의 성능을 극대화하기 위한 플랫폼을 개발 중에 있다.

허니웰 역시 2030년까지의 장기 로드맵을 바탕으로 지속해서 양자 컴퓨터를 개발하는 기업이다. 2021년에는 케임브리지 퀀텀 컴퓨팅Cambridge Quantum Computing과 자회사 허니웰 퀀텀 솔루션Honeywell Quantum Solutions을 합병, 세계 최대의 퀀텀 기술 회사 '퀀티움Quantinuum'을 설립했다. 2022년에는 농업, 제약 등의 산업에서 양자 컴퓨팅을 적용한 소프트웨어를 출시할 계획이다.

아이온큐는 현재 22큐비트이기는 하나 타사의 양자 컴퓨터가 영하 273도의 극저온에서만 가동되는 것과 달리 상온에서도 작동할 수 있다는 강점을 바탕으로 경쟁 우위를 가지고 2028년에 1,024큐비트의 양자

'구글'의 양자 컴퓨터를 구동하는 시커모어 칩

컴퓨터를 개발하는 것을 목표로 하고 있다.

아이온큐는 에코 시스템 구축을 위해서 엑센츄어Accenture, GE리서치, 피델리티센터, 골드만삭스 등과 상업화 방안을 위한 파트너십을 구축했다. 뿐만 아니라, 아마존 AWS와 마이크로스프트 AZURE, 구글 클라우드에 자사의 서비스를 제공함으로써 전 세계의 개발자들이 양자 컴퓨터를 사용할 수 있도록 제공하고 있다. 경쟁사들보다 빠르게 생태계를 구성하고자 하는 노력은 향후에 타사와 경쟁하는 데 있어 큰 강점으로 작용할 것으로 보인다.

지금 '아이온큐'를
주목해야 하는 이유

20세기를 돌아볼 때, 컴퓨터와 인터넷의 등장은 전 산업을 완전히 뒤바꿔버렸다. 단순하게 생각한다면 컴퓨터는 사람을 대신해 많은 반복 작업을 대신해줌으로써 상상을 현실로 만들어주었다. 인터넷은 아이디어를 시간, 공간을 넘어 많은 사람들이 나눌 수 있게 도와주었다. 이러한 측면에서 본다면 양자 컴퓨팅은 우리 인류에게 압도적인 계산 속도를 통해 이전에 경험하지 못한 변화를 만들 것으로 기대된다. 그리고 이러한 여파는 현재 시점에서는 정확하게 측정하기 어려운 것이 사실이다.

하지만 많은 빅테크 기업들이 끊임없이 양자 컴퓨팅에 도전해왔고, 상용화까지 몇십 년 걸린다고 했던 로드맵이 이제는 대폭 줄어 10년 안에는 상용화가 될 것이라고 이야기하고 있다. 조세프 브로즈Joseph S.Broz 양자 경제 개발 컨소시엄(QED-C) 전무는 이미 금융, 은행, 항공, 국방, 화학 분야 등 140여 개의 기업들이 다양한 활용 방안을 논의하고 있다고 밝혔다.

물론 여기까지만 보면 양자 컴퓨팅의 미래는 이미 우리 가까이에 다가온 현실처럼 들릴 수 있다. 아이온큐 역시 2024년까지 약 6,000만 달러에 달하는 거래금액을 예상한다고 밝혔다. 하지만 양자 컴퓨팅은 여전히 기술적으로 넘어야할 장애물이 많기 때문에 조금 숨을 고르고 아이온큐의 미래를 볼 필요가 있다. 기술적인 측면에서 통상 1,000큐비트는 모든 양자 컴퓨팅 회사의 목표로 불린다. 100큐비트를 넘어서면 기존 컴퓨팅 성능을 압도할 수 있게 되고 1,000큐비트가 넘어가면 기존의 보안체계를 포함, 기존에는 연산량으로 인해서 풀 수 없다고 보았던 문제를 풀 수 있게 된다. 그야말로 정보처리량에 대한 혁명이라고 볼 수 있다.

하지만 아직 여기까지 도달하고, 상용화되기까지는 수 년이 더 소요될 것으로 보인다. 다시 말해 아이온큐를 위시한 양자 컴퓨팅은 한동안은 꽤 오래 수익을 보기 어려울 것으로 예상된다. 장기적인 관점이 요구되는 시점이다.

실제로 전문가들은 아이온큐가 2021년 한 해 매출은 약 150만 달러(약 19억 원) 수준에 이를 것으로 보았고, 퀀텀 생태계를 구축하려는 노력 덕분에 이 매출 규모는 빠르게 증가할 것이라고 밝혔다. 하지만 아이온큐가 상대해야 하는 회사가 대부분 빅테크 기업인 것을 감안한다면 이 경쟁 속에서 살아남기 위한 체력이 있을지는 좀 더 두고 봐야 한다.

그나마 다행인 것은 이런 신기술이 등장했을 때 시장은 통상 혁신자와 모방자로 나눠져 기술을 천천히 받아들이게 되는데, 혁신자의 대부분이 새롭게 등장하는 시장의 판도를 잡기 위한 목적의 대기업들로 구성된다는 것이다. 시장이 빠르게 조성되고 확산될 수도 있다는 추측이 가능한 이유이다.

정리하면 양자 컴퓨팅은 아직 우리 현실로 오지 않은 것일 뿐, 곧 오게 될 미래임에는 틀림이 없다. 하지만 아직 조금 더 시간이 필요하기에 지속해서 관심을 갖고 기다려줄 수 있다면 아이온큐와 함께 우리가 보게 될 양자 컴퓨팅의 미래는 세상에 큰 변화를 줄 것이라고 확신한다.

PART **2** > 더 나은 삶을 위한

'의식주 기업' 7

카니발 코퍼레이션

Carnival Corporation

핵심 요약

- 카니발 코퍼레이션은 1972년 미국 플로리다주에 설립된 레저·여행업을 영위하는 기업으로 전 세계에서 가장 많은 크루즈 선박을 보유하고 있다.

- 카니발은 크루즈 유람선뿐 아니라 호텔 및 숙박업, 트레일러와 모터보트 서비스 등 레저 산업에서 다양한 서비스를 제공하고 있는 세계 최대 규모의 종합 레저 기업이다.

- 지난 2020년 이후 코로나 사태로 인해 매출과 수익에 엄청난 타격을 입으면서 주가가 5분의 1 수준 이하로 폭락하는 등 매우 어려운 상황을 겪고 있으나, 임직원들의 연봉 삭감과 구조조정을 통해 어려운 시기를 잘 버티며 생존하고 있다. 한편 코로나 사태가 종식된 이후에는 과연 어떤 행보를 보여줄지 기대되는 기업이다.

회사명	Carnival Corporation & plc
설립연도	1972년
본사	미국 플로리다 마이애미
홈페이지	www.carnivalcorp.com
상장일	1987년 7월 31일
심볼	CCL
거래소	NYSE
분야	Consumer Cyclical
업종	Travel Services

어떤 사업을 하는가?

카니발 코퍼레이션Carnival Corporation & plc(이하 카니발)은 1972년 카니발 크루즈 라인Carnival Cruise Line이라는 이름으로 최초 설립되었으며, 현재 미국 플로리다주 마이애미에 본사를 두고 있는, 세계에서 가장 큰 규모의 종합 여행 레저회사이다.

카니발은 카니발 크루즈 라인Carnival Cruise Line, 프린세스 크루즈 Princess Cruise, 홀랜드 아메리카 라인Holland America Line, P&O 크루즈 오스트레일리아P&O Cruises Australia, 시번Seabourn, 코스타 크루즈Costa Cruises, AIDA 크루즈AIDA Cruises, P&O 크루즈 영국P&O Cruises UK, 큐나드 라인Cunard Line 등의 다양한 크루즈 라인을 보유하고 있다.

카니발의 크루즈 라인들

많을 때는 최대 87곳에 달하는 정박지에서 약 92척의 크루즈를 운행한 바 있다. 또한 알래스카와 캐나다 유콘 지역에서 유명한 여행사인 홀랜드 아메리카 프린세스 알래스카 투어스Holland America Princess Alaska Tours도 운영하고 있다.

1. 크루즈 여행 산업

카니발은 주로 세계 각국의 여행사를 통해 크루즈 티켓을 판매하며 미국, 캐나다, 유럽, 영국, 호주, 뉴질랜드, 아시아 등 거의 세계 전역에 걸쳐 크루즈를 운영하고 있다. 또한 크루즈 서비스뿐만 아니라 호텔 및 숙박업, 트레일러 및 모터보트 등의 사업으로도 확장하고 있다.

카니발은 많을 때는 약 150개국에서 15만 명이 넘는 직원을 고용하고 있었는데 이 중 대부분인 85%가 시간제 및 계절제 근로자 형태로 임시적으로 고용되어 있었으며 코로나 사태 이후에 상당수의 직원들이 해고

되거나 무급휴직을 하고 있는 것으로 전해진다.

카니발의 가장 큰 매출원은 역시 크루즈 티켓 판매인데, 2020년부터 코로나로 인해 거의 대부분의 크루즈가 운영을 멈추며 2020년 한 해 동안 가장 큰 타격을 입은 기업 중 하나이다. 지난 2019년 회계연도 기준 매출 약 208억 달러(약 24조 7,000억 원), 순이익 약 30억 달러(약 3조 5,600억 원)를 기록하였으나, 1년 뒤인 2020년에는 거의 9개월 동안 크루즈를 운영하지 못하면서 약 102억 달러(약 12조 1,000억 원)에 달하는 엄청난 규모의 순손실을 기록했다.

핵심 인물은?

테드 아리슨Ted Arison은 1924년 이스라엘에서 출생한 사업가로 1952년 미국으로 이주해 1972년 카니발을 설립한 창업자이다. 미국에서의 상속세를 피하기 위해 1990년 미국 시민권을 포기하고 이스라엘로 돌아간 그는 1999년 이스라엘 텔아비브에서 사망했다.

한편 그의 아들인 미키 아리슨Micky Arison은 1979년부터 2013년까지 무려 34년 동안 카니발의 CEO 자리를 역임하며 카니발을 세계에서 가장 큰 종합 여행 레저기업으로 성장시켰다. 그는 현재까지도 카니발 이사회의 의장 자리를 맡고 있다.

현재는 아널드 도널드Arnold Donald가 2013년부터 미키 아리슨의 뒤를 이어 카니발의 회장 겸 CEO를 맡고 있다. 그는 2010년부터 2012년까지 미국 주요 기업의 흑인 임원들로 구성된 전문 네트워크인 ELC(Executive Leadership Council)의 회장 겸 CEO로 활동했으며, 2006년부터 2008년

카니발의 설립자 테드 아리슨(왼쪽)과 CEO 아널드 도널드(오른쪽)

까지는 국제 청소년 당뇨연구재단(Juvenile Diabetes Research Foundation International)의 회장 겸 CEO를 역임하기도 했다.

1998년부터 2000년까지 농산물과 소비재 개발회사인 몬산토 Monsanto의 부사장과 영양 및 소비 부문 회장직을 수행한 이력이 있으며 그 이전에는 몬산토의 농업 부문 사장직을 역임한 경험이 있다.

아널드 도널드는 〈포천〉 선정 100대 과학 기반 연구 및 개발 기업에서 제조 및 마케팅, 글로벌 기업 관리, 대규모 국제 연구소의 책임자 등 다양하고 폭넓은 경험을 통해 얻은 리더십과 탁월한 경영 능력을 갖추고 있는 것으로 평가받는다.

또한 그는 과거부터 현재까지 다수의 상장기업의 이사로 활동하며 기업 지배구조에 대한 풍부한 경험을 바탕으로 오늘날 안정적으로 카니발을 경영하고 있다고 평가받고 있다.

어떤 회사들과 경쟁하나?

　여행업, 특히 크루즈 같은 고가의 럭셔리 여행 사업에 있어 가장 중요한 부분은 고객들의 선택이다. 생활에 필수적인 업종이 아닌 이상 얼마나 많은 사람들이 고가의 크루즈 여행을 하는 데 지갑을 여는지에 따라 회사의 매출과 영업이익이 결정되는 만큼 경쟁 또한 굉장히 치열한 부문이다. 특히 코로나 같은 전 세계적인 유행병의 도래나 경제 위기 등의 외부적인 요인에 상당히 민감한 분야이기도 하다.

　그러나 앞서 살펴보았듯이 카니발의 가장 큰 강점은 보유하고 있는 크루즈의 어마어마한 숫자와 정박지의 위치이다. 다른 크루즈 회사들의 규모에 비하여 압도적으로 많은 숫자의 크루즈를 보유하고 있다는 점은 확실히 경쟁 우위에 있음을 보여준다.

　또한 더 많은 정박지에 크루즈를 보유하고 있다는 것은 그만큼 전 세계적으로 다양한 곳을 여행할 수 있다는 의미이며 이것이 소비자들로 하여금 카니발을 선택하게 만드는 아주 매력적인 장점이다. 현재까지는 크루즈 업계에서 직원의 숫자와 회사의 기업가치에 이르기까지 거의 모든 부문에서 압도적인 선두자리를 지키고 있다.

지금 '카니발 코퍼레이션'을
주목해야 하는 이유

지난 2020년 3월, 코로나로 인해 카니발 선박에 탑승한 승객 중 55명이 사망한 것으로 알려졌다. 결국 크루즈 일정은 모두 취소됐고 수 개월간의 영업정지 상태를 버티지 못하고 2020년 9월 전 세계 선단의 약 12%에 해당하는 18척의 선박을 처분할 계획이라고 발표했다.

미국에서 본격적으로 코로나가 심각해지기 직전인 2020년 1월 약 52달러까지 올랐던 주식은 같은 해 4월에는 약 8.5달러까지 폭락했다. 그 이후 주가는 꾸준히 회복세를 보이며 2021년 중반에는 약 30달러까지 회복했으나 이후 다시 주식시장 상황의 악화로 인해 2022년 현재는 다시 10달러 후반에서 20대 초반까지 횡보하는 모습을 보이고 있다.

〈CNN 비즈니스 주식 전망 보고서〉에 따르면, 총 21명의 주식 애널리스트 중 1명이 강력매수(outperform) 의견, 7명이 매수(buy) 의견, 그리고 10명이 중립(hold) 의견을 나타냈다. 한편 2명은 매도(sell) 의견, 그리고 강력매도(underperform) 의견도 1명이 있었다. 또한, 17명의 애널리스트의 분석 의견에 따르면, 카니발의 주가 목표치는 중간값이 25달러, 가장 높은 예상치가 약 39달러, 가장 낮은 예상치가 17.48달러 수준으로 나타났는데, 중간값 기준으로 현재 주가에 비해 약 45% 이상, 최고 예상치 기준으로는 127% 이상 높은 수치인만큼 투자전망은 긍정적으로 보고 있다.

승객들이 직접 크루즈에 탑승하고 즐기는 업종의 특성상 카니발은 코로나로 인해 가장 큰 타격을 입은 기업 중 하나임은 분명하며 현재 어떤 방향으로 회사의 사업모델을 재편할 것인지에 대한 고민이 큰 기업이다. 코로나 백신 및 치료제의 등장과 대부분의 나라의 입국제한 정책들이 완화되면서 많은 사람들이 다시 여행을 하기 시작하였으나, 완전히 코로나 이전 수준으로 회복될 수 있을지에 대해서는 여전히 의문점이 있는 것은 사실이다.

임원들 전원의 연봉 삭감과 구조조정을 통해 최대한 이 불확실한 시기가 빨리 지나가기만을 바라는 한편 기존의 전통적인 크루즈 서비스 외에도 새로운 사업모델을 찾기 위해 고민하고 있다. 현재로서는 빠른 시일 내에 코로나 상황이 완전히 종식되고 대중들의 코로나 리클레임reclaim, 즉 코로나가 종식된 후 지난 잃어버린 기간을 보상받기 위해 더 많은 것을 누리고자 하는 심리에 회사의 명운을 걸고 기대하는 중이다.

크로락스 컴퍼니

The Clorox Company

 The Clorox Company

핵심 요약

- 1913년에 창업한 크로락스 컴퍼니는 크로락스, 킹스포드, 브리타, 버츠비 등 다양한 브랜드를 소유하고 있다.

- 크로락스는 미국을 대표하는 살균 표백제 브랜드로 코로나 팬데믹 상황에 큰 인기를 얻고 있다.

- 경쟁사가 많은 치열한 시장에서 소비자 로열티를 높이기 위해 포트폴리오를 늘리고 다각적인 글로벌 진출을 펼치고 있다.

한눈에 살펴보기

회사명	The Clorox Company
설립연도	1913년
본사	미국 캘리포니아 오클랜드
홈페이지	www.thecloroxcompany.com
상장일	1928년 5월 28일
심볼	CLX
거래소	NYSE
분야	Consumer Defensive
업종	Household & Personal Products

어떤 사업을 하는가?

크로락스 컴퍼니The Clorox Company(이하 크로락스)가 어떻게 지금과 같은 명성을 갖게 되었는지 알기 위해선 그들의 역사를 살펴볼 필요가 있다. 크로락스의 출발은 1913년 세계 최초로 출시한 액상 표백제였다. 당시 회사명은 '일렉트로 알카라인 컴퍼니Electro-Alkaline Company'였다.

1. 표백제 브랜드 '크로락스'

1914년, 크로락스는 차아염소산나트륨(Sodium hypochlorite) 성분을 21% 함유한 공업용 표백제 판매를 시작했다. 같은 해 '크로락스' 브랜드와 지금의 다이아몬드 모양 로고를 등록했다. 크로락스라는 이름은 제품

1931년 크로락스 신문 광고

핵심 성분인 염소(Chlorine)와 수산화나트륨(Sodium hydroxide, 일명 가성소다)의 합성어다. 100년이 넘는 세월에도 지금까지 동일한 상품명과 디자인 콘셉트를 유지하고 있다.

1916년부터 가정용 표백제를 만들기 시작한 크로락스는 1928년 샌프란시스코 거래소에서 기업 공개(IPO)를 하고 20만 주 주식을 첫 발행했다. 이후 1930년대 미국 대공황과 1940년대 제2차 세계 대전, 베이비붐 시대를 거치며 눈에 띄는 성장을 이룬다. 일반 가정뿐 아니라 식당, 병원,

크로락스 컴퍼니의 제품 라인

공장 등에서 위생 관리의 필요성이 강조되며 크로락스를 찾는 수요가 폭발적으로 증가한 덕분이다.

1957년, 크로락스는 생활용품 대기업 프록터 앤드 갬블 컴퍼니(P&G, Procter & Gamble Company)에 인수합병된다. 당시 P&G에는 표백제 제품이 없어 크로락스가 상당히 매력적인 회사였다. 그런데 여기서 한 가지 문제가 발생했다. 미국 연방거래위원회(FTC, Federal Trade Commission)가 두 회사의 합병에 제동을 건 것이다. FTC는 이 합병에 독점을 유발할 소지가 있다고 보았다. 미 대법원은 1967년 FTC의 손을 들어줬고 크로락스와 P&G는 1968년 다시 별개 회사가 된다.

P&G와 결별 후 크로락스는 우려와 달리 자신들만의 성장 스토리를 본격적으로 써나간다. 1973년에 바비큐 숯으로 유명한 킹스포드 컴퍼니The Kingsford Company를 인수하고, 1988년부터는 독일 정수기 브랜드 브리타Brita의 미국 판매를 시작한다.

1993년에는 한국에서 유한양행과 함께 조인트 벤처 형태로 '유한크로락스'라는 이름의 회사를 세워 현재까지 운영 중이다. 2002년에는 다시 P&G와 인연을 맺고 글래드Glad라는 브랜드로 쓰레기봉투, 랩 등의 제품을 만드는 합작 회사를 세운다.

2007년에는 친환경 화장품 버츠비Burt's Bees를 인수하고, 크로락스는 2013년 설립 100주년을 맞았다. 2020년 이후 현재까지 코로나 팬데믹 사태로 크로락스의 살균 소독 제품은 가정과 사무실, 학교 등 거의 모든 실내 공간에서 없어서는 안 될 필수품이 되었다.

크로락스 컴퍼니는 오랜 역사만큼이나 생활용품 시장에서 다양한 브랜드를 취급한다. 2020년 매출 구조를 보면 클리닝 제품들이 30%, 글래드 상표를 달고 유통되는 봉투와 랩이 12%, 샐러드드레싱 히든 밸리Hidden Valley 제품이 9%, 바비큐 숯 킹스포드Kingsford 제품이 8%를 차지한다.

크로락스는 크로락스 컴퍼니를 대표하는 얼굴이다. 물티슈, 스프레이, 젤, 액상 등 살균 표백제 성분을 활용한 다양한 클리닝 제품을 생산한다. 마트에서 표백제를 찾을 때 "크로락스 주세요"라고 말하면 될 정도다. 이 표백제는 코로나 바이러스 등 세균과 바이러스를 99.9% 살균한다.

크로락스의 대표 제품인 액상 살균표백제

필터형 정수기 브리타의 사용 모습

2. 필터형 정수기 브랜드 '브리타'

다음으로 이목을 끄는 브랜드는 '브리타'다. 흔히 필터형 정수기라 불리는 브리타는 싱크대에서 받은 수돗물을 필터로 정수해 편하게 마실 수 있게 해준다. 일정 기간 사용하면 필터를 다시 구매해야 한다. 국내에도 '브리타 코리아'를 통해 브리타 제품들이 활발하게 유통되고 있다.

브리타는 독일 본사를 중심으로 글로벌 사업들이 전개되고 있지만 미국과 캐나다에서의 사업권은 크로락스가 갖고 있는 구조다. 브리타 정수기는 필터를 통해 수돗물에서 나는 염소 냄새나 맛을 제거할 수 있으며 납 성분을 99%까지 거를 수 있다고 한다.

3. 친환경 화장품 브랜드 '버츠비'

'버츠비'는 국내외에서 상당한 인지도를 갖고 있는 화장품 브랜드다. 유해성분이 적어 어른뿐 아니라 어린 아이들을 위한 스킨케어 제품이 많다. 버츠비가 2007년 크로락스에 인수된 히스토리를 살펴보면 다음과 같다.

친환경 화장품 브랜드 버츠비의 제품들

 미국 메인주에서 양봉업자 버트 샤비츠Burt Shavitz가 꿀을 채취하고 남은 비즈왁스로 양초를 만들던 록산느 큄비Roxanne Quimby와 함께 1984년에 설립한 화장품 브랜드다. 그래서 버츠비Burt's Bees라는 이름을 갖게 된 것이다. 버츠비 제품에 그려진 인물이 바로 버트 샤비츠이다. 2014년에 제작된 〈버즈 버즈Burt's Buzz〉라는 제목의 다큐멘터리에는 그의 일상과 사업에 대한 일화들이 소개된다. 크로락스에 인수된 후 버츠비는 마스카라, 립스틱 등 다양한 메이크업 라인을 보강하며 제품 품목은 물론 판매 국가도 확대하고 있다.

어떤 회사들과 경쟁하나?

 크로락스의 주력인 생활용품 분야는 경쟁이 치열하다. P&G, 유니레버Unilever, 킴벌리 클라크Kimberly-Clark 등 글로벌 기업들이 즐비하다. 데톨Dettol, 라이졸Lysol 등을 만드는 레킷Reckitt, 베이킹소다 제품 암앤해머Arm

& Hammer로 유명한 처치 앤 드와이트Church & Dwight, 세제 퍼실Persil과 스너글Snuggle, 비누 다이얼Dial 등을 만드는 헨켈Henkel도 주요 경쟁사다.

그런데 크로락스의 연차보고서에 따르면 최근 크로락스의 매출 성장을 위협하는 존재는 다름 아닌 유통사들의 자체 브랜드(private label) 제품이다. 월마트Walmart, 타깃Target 등 대형 유통사들은 그레이트 밸류 Great Value, 업앤업Up&Up 같은 자체 브랜드를 만들어 식품을 비롯한 다양한 제품을 저렴한 가격에 판매하고 있는데 여기에 크로락스가 만드는 클리닝 제품군도 포함된다.

아래 그림처럼 각 유통사가 만드는 액상 표백제와 크로락스의 액상 표백제가 같은 매대에서 경쟁하고 있는 것이다. 2.39리터 표백제를 기준으로 월마트 제품은 2.94달러, 타깃 제품은 2.89달러인 반면, 크로락스 제품은 4.42달러이다. 소비자 입장에서는 상당한 격차를 느낄 수 있는 가격이다.

'월마트(왼쪽)', '타깃(가운데)'이 만드는 액상표백제와 크로락스의 액상표백제(오른쪽)

© walmart.com

지금 '크로락스 컴퍼니'를
주목해야 하는 이유

코로나 사태는 크로락스에게 매출 확대 기회를 안겨준 것처럼 보였다. 이 상황은 마치 1940년대 전후 베이비붐 시대에 생활 전반에서 클리닝 제품 수요가 급증하며 크로락스가 큰 성장을 이룬 때와 유사하다. 어쩌면 그때보다 현재가 크로락스에겐 더 중요한 모멘텀이 될 수 있다. 크로락스의 성장을 기대하는 투자자나 소비자들도 비슷한 생각일 것이다.

그러나 크로락스의 앞날이 그리 낙관적이지만은 않다. 공급 부족과 그에 따른 대체제에 대한 우려 때문이다. 소비자가 크로락스 제품을 필요로 할 때 타이밍에 맞춰 제품을 구입하지 못하면 다른 대체제를 쉽게 경험하게 되고 그 결과 크로락스에 대한 로열티가 떨어질 수 있다.

제품 간 품질 차이가 크지 않을 때 가격이나 구입 편의성은 소비자의 결정적인 구매 포인트가 될 수 있다. 코로나 사태로 급격히 수요가 늘어 크로락스 제품을 공장에서 원활하게 생산하지 못하고 공급에도 차질이 생기면 소비자들을 만족시키지 못하게 되는 것이다.

앞서 경쟁사 분석에서도 살펴본 것처럼 대형마트들의 자체 브랜드는 저렴한 가격으로 크로락스를 위협하고 있다. 특히 이들이 자체 유통망까지 갖춘 대형마트인 만큼 타이밍을 잃지 않고 클리닝 제품 수요를 신속하게 충족시킬 수 있다.

따라서 온라인보다 여전히 소매점(특히 대형마트) 매대를 통한 오프라인 판매 비중이 높은 크로락스 입장에서는 자신들에게 유리한 코로나 사태라고 해도 마음 놓지 못하고 있다. 여기에 인플레이션에 대한 부담도 있다.

이런 상황인 만큼 2020년 9월 취임한 크로락스의 최고경영자 린다 렌들 Linda Rendle에게 쏠리는 기대가 크다. 그녀는 크로락스의 오래된 역사와 달리 포천 500대 기업 중 가장 젊은 1978년생 CEO다. 무엇보다 크로락스 역사에 있어 첫 여성 CEO다.

그녀는 취임 후 친환경 제품 라인을 강조하고, 크로락스의 강점에 더 집중하는 '이그나이트IGNITE'라는 이름의 혁신 전략을 추진하고 있다. 경쟁이 치열하고 불확실성이 높은 생활용품 시장에서 그녀가 젊은 감각으로 이그나이트 전략에 어울리는 불꽃을 피울 수 있을지 지켜볼 필요가 있다.

비욘드 미트
Beyond Meat

--- **핵심 요약** ---

- 2019년 5월, 나스닥 상장 첫날 주가가 163% 폭등해 큰 주목을 받았지만 코로나 사태 이후 하락세를 보이며 우려의 목소리가 높아지고 있다. 전문가들은 코로나로 인한 외식업계 물량 공급 문제와 락다운으로 인한 소비패턴 변화로 인한 상황으로 보고 있다.

- 2022년 초, KFC와 치폴레는 비욘드 미트와 협업해 식물성 기반 신메뉴를 출시했고, 맥도날드는 '맥 플랜트 버거' 제품을 선보였다. 코로나로 인해 전반적인 대체육 소비량이 감소하는 추세를 보였지만 패스트푸드 대기업들은 여전히 대체육을 긍정적으로 보고 있는 것으로 보인다.

- 비욘드 미트는 2021년 4월 중국 상하이 근처 자싱에 북미지역 외 첫 식물성 고기 제조시설을 설립해 향후 중국 내 유통 속도와 규모를 확장할 것이라 밝혔다.

한눈에 살펴보기

회사명	Beyond Meat, Inc.
설립연도	2009년
본사	미국 캘리포니아 엘세군도
홈페이지	www.beyondmeat.com
상장일	2019년 5월 2일
심볼	BYND
거래소	NASDAQ
분야	Consumer Defensive
업종	Packaged Foods

어떤 사업을 하는가?

1. 대체육 개발 및 생산

'대체육'은 식물 단백질을 가공해 고기의 식감과 맛을 유사하게 만든 식물성 고기와 배양육으로 분류된다. 비욘드 미트Beyond Meat는 콩, 호박, 버섯 등 다양한 식물에서 추출된 단백질과 다양한 인공재료를 첨가해 실제 고기와 맛뿐만 아니라 식감, 육즙까지 진짜 고기와 흡사한 대체육 제품을 생산하는 기업이다.

비욘드 미트에서 생산되는 대체육은 기존에 육류제품이 유통되기까지 필요한 모든 과정이 생략되며 일반 육류제품보다 99% 적은 물, 93% 적은 토지, 46% 적은 에너지가 사용된다.

비욘드 미트가 가장 처음 개발한 제품은 닭고기 대체품이다. 빌 게이츠Bill Gates는 비욘드 미트의 첫 제품을 맛본 후 대체육 이상의 음식의 미래를 봤다고 칭찬하며 비욘드 미트의 초기 투자자가 되었다.

그 후 2016년 비욘드 미트는 고기가 들어가지 않은 패티를 사용한 '비욘드 버거'를 출시하며 주목을 받는다. 비욘드 버거에 사용된 고기 패티는 고기가 전혀 들어가지 않았지만 한입 베어 무는 순간 실제 버거 패티처럼 육즙이 흘러내리고 고기의 쫀득한 식감을 살려내 기존에 출시된 다른 콩고기와 차별점을 둔다.

비욘드 버거가 크게 성공을 거둔 2016년에는 1,300만 장의 버거 패티가 판매 되었고 맥도날드, KFC, 스타벅스 등 대형 체인점뿐만 아니라 레스토랑, 마트 등 3만 5,000개 상점에 유통되었다. 이후 단백질 대체시장

비욘드 미트가 2021년 9월 새로 출시한 닭고기 대체 치킨텐더 제품

이 빠르게 성장 중인 아시아 진출에 성공하며, 다짐육, 버거 패티, 소시지, 미트볼 등 다양한 대체육 제품을 선보이며 메뉴를 확장하고 있다.

지난 2019년 동원 F&B와 파트너십을 맺고 국내 진출하였지만, 일반 소고기보다 3배나 높은 가격과 버거 패티, 다짐육 등 한식에 적용되기엔 한정적인 제품이 많아 아직 큰 호응은 얻지 못하고 있다.

비욘드 미트의 가격이 높은 이유는 실제 가축사육을 통해 생산되는 고기보다 양이 적어 규모의 경제가 실현되지 않았기 때문이다. 이는 미래형 식품 제품이 출시 후 초기 가격이 높게 판매되는 이유이기도 하다. 하지만 최근 유럽 식품 대기업 네슬레Nestle 등 대기업이 대체육 사업에 본격 박차를 가하며 비욘드 미트는 가격을 낮춰 더 많은 소비자가 접할 수 있는 방안을 모색하며 경쟁력을 갖추려는 움직임을 보이고 있다.

비욘드 미트는 인류의 오래된 육식 문화를 재정의하며 '대체육 업계의 테슬라'로 떠오르게 되었다. 대체육 업계에서 최초로 나스닥에 상장된 기업이기도 하다. 요즘 환경 오염, 동물 복지 등의 문제를 해결하기 위해 육류 섭취를 줄이려는 소비자가 증가하고 있지만 이를 실천하는 것은 쉽지 않다. 비욘드 미트는 그런 소비자에게 해결책을 제시하며 고기가 없어도 살 수 있는 새로운 시대를 만들어가고 있는 셈이다.

핵심 인물은?

이선 브라운Ethan Brown은 2009년 비욘드 미트를 창업했다. 브라운은 고등학생 때까지 햄버거와 치킨텐더를 즐겨먹는 육식주의자였다. 어린 시절 메릴랜드주 가축 농장 근처에 살았던 그는 동물이 도축되고 괴로워

비욘드 미트의 CEO 이선 브라운

하는 과정을 가까이에서 보며 육류 섭취에 회의감을 느끼고 채식주의자
가 되었다.

사회 문제에 항상 관심이 많았던 브라운은 2009년 비욘드 미트를 창
업하기 전까지 수소연료전지 기업인 발라드 파워 시스템스Ballard Power
Systems에 재직하며 기후 변화 문제를 해결할 수 있는 방법을 고민했다.
브라운의 초점은 다시 유년시절의 농장으로 돌아가 인간이 육류 소비만
줄여도 환경뿐만 아니라 동물복지, 건강 등 다양한 문제를 해결할 수 있
을 거라는 결론과 함께 비욘드 미트를 창업하게 되었다.

어떤 회사들과 경쟁하나?

대체육 시장은 매년 연평균 6.3%씩 무서운 속도로 성장하고 있고 2040년에는 기존 육류 시장을 뛰어넘을 것으로 예상된다. 10년 전까지만 해도 대체육 시장은 스타트업이 대부분 점유하고 있었지만, 환경과 동물 복지에 대한 관심 증가와 함께 대체육을 찾는 소비자가 많아지면서 식품 대기업들도 식물성 기반 단백질, 대체육 제품 개발에 뛰어들고 있다.

비욘드 미트와 양대산맥을 이루는 대체육 기업으로 '임파서블 푸드 Impossible Foods'가 있다. 버거 레스토랑의 대체육 메뉴를 고를 때 임파서블 버거와 비욘드 버거를 떠올릴 정도로 소비자의 머릿속에 '대체육' 하면 바로 연상되는 대표기업으로 자리 잡았다.

'임파서블 푸드' 제품으로 만든 음식들

© impossiblefoods.com

런천미트, 다짐육 등 '옴니푸드'의 옴니포크 제품들

비욘드 미트와 임파서블 푸드는 같은 식물성 대체육이지만 재료에 차이가 있다. 비욘드 미트의 모든 재료는 콩 추출물과 고기의 붉은 색을 나타내는 비트즙 등 천연재료를 사용한다. 반면, 임파서블 푸드 제품은 콩 식물에서 발견되는 효모를 배양해 헴Hem 분자를 대량 생산하는 방식으로 만들어진다.

임파서블 푸드는 비욘드 미트보다 조금 늦게 시장에 진출했지만 비욘드 미트보다 규모의 경제가 먼저 형성되어 원가를 낮춰 가격적인 부분에서 비욘드 미트보다 우세한 위치에 있다. 임파서블 푸드는 다짐육, 버거 패티, 소시지뿐만 아니라 2021년 9월 돼지고기 대체육 제품인 임파서블 포크Impossible Pork를 출시했다. 임파서블 푸드는 2022년 스팩(SPAC) 합병 상장을 순비 중인 것으로도 알려져 있다.

비욘드 미트의 또 다른 경쟁사는 홍콩의 식물성 대체육 기업인 '옴니푸드OmniFoods'다. 옴니푸드는 홍콩 사회적 벤처기업 '그린먼데이Green Monday'에서 설립한 회사로 돼지고기가 들어가지 않은 가공 햄 제품 라인인 옴니포크OmniPork를 개발했다. 가공 햄뿐만 아니라 생선이 들어가지 않은 필렛fillet, 소고기 등 다양한 식물성 대체육 제품을 출시하고 있다. 국내에서는 프리미엄 디저트 카페 투썸플레이스에서 옴니포크 제품으로 만든 '옴니미트 샐러드 랩'을 출시하기도 했다. 옴니포크의 타깃 시장은 홍콩, 싱가포르와 동남아로 비욘드 미트와 아시아 시장에서 싸울 주 경쟁사이기도 하다.

비욘드 미트의 경쟁사는 대기업도 예외가 아니다. 네슬레는 식물성 제품 대열에 뛰어들며 올해 초 영국에 비건 초콜릿 킷캣Kitkat 제품 출시를 시작으로 비건 제품 브랜드 스위트 어스Sweet Earth와 가든 고메Garden Gourmet를 인수했다. 네슬레는 올해부터 본격적으로 식물성 대체육 제품인 하베스트 고메Harvest Gourmet를 출시하기 시작했다.

비욘드 미트의 초기 투자자였던 타이슨 푸드Tyson Food도 경쟁사 리스트에서 빠질 수 없다. 타이슨 푸드는 미국 최대 육가공 기업으로 비욘드 미트 지분의 6.5%를 보유하고 있었지만 이를 매각하고 자사 브랜드 제품을 출시해 비욘드 미트와 경쟁하고 있다.

지금 '비욘드 미트'를
주목해야 하는 이유

코로나로 인해 전 세계 외식 업계가 타격을 입었다. 2021년 여름, 미국 서부지역에 닥친 가뭄으로 인해 식물 기반 단백질 제품의 주원료인 완두콩 가격이 폭등했다. 뿐만 아니라 예상치 못한 물류 운송 지연 등의 문제로 비욘드 미트는 2022년 초 주가가 60%나 폭락하는 변동성에 시달렸다. 그럼에도 불구하고 비욘드 미트에 주목해야 하는 이유는 비욘드 미트가 일반 식품기업이 아닌 미래지향 식품기업이기 때문이다.

현재 미국 내 대체육 시장 점유율은 비욘드 미트가 25%를 차지하며 2위다. 2027년 전 세계 대체육 시장 규모가 149억 달러(약 18조 8,000억 원)까지 확대될 전망이며 2040년 전 세계 육류시장의 60%를 차지할 것으로 예측되는 것으로 보아 비욘드 미트가 성장할 수 있는 기회는 많을 것이다. '대체육 업계의 테슬라'라 불리는 만큼 장기적으로 지켜볼 가치가 있는 기업이다.

비욘드 미트는 2021년 2분기 역대 최고 매출액인 1억 4,940만 달러(약 1,790억 원)를 발표하며 그 어느 해보다 분주히 사업을 확장하고 있다. 비욘드 미트의 활동 방향은 크게 세 부분으로 나뉘는데 꾸준한 신제품 출시, 글로벌 시장 진출, 다양한 B2B, B2C 판매 채널 확장으로 볼 수 있다.

임파서블 푸드가 미국, 홍콩, 싱가포르에 돼지고기 대체육인 '임파서블 포크'를 출시하며 비욘드 미트 또한 2021년 새로운 치킨텐더 제품을 출시했다. 현재 월마트를 포함한 1,300개 매장을 비롯해 전 세계 온라인 매장에서 판매되고 있다.

비욘드 미트는 미국뿐만 아니라 아시아 시장에도 무섭게 사업을 확장 중이다. 중국은 전 세계에서 가장 큰 대체육 시장이다. 비욘드 미트는 상하이 자싱 경제개발구역에 식물성 고기 생산 공장을 설립해 중국 소비자에 맞춘 제품 생산과 빠른 물량 확보를 할 것으로 밝혔다.

또한 중국 스타벅스와 제휴를 맺어 식물성 기반 메뉴를 출시했고 올해 7월 중국 최대 이커머스 플랫폼인 제이디닷컴JD.COM과 손을 잡고 중국 300개 도시에 판매를 시작했다. 알리바바의 오프라인 매장인 프레시포Freshippo에서도 비욘드 미트를 구매할 수 있다.

아시아뿐 아니라 2021년 하반기 본격적으로 유럽시장에 진출하여 영국 450개, 독일 1,000개, 오스트리아 1,140개 매장에 판매를 시작했다. 스페인, 프랑스, 벨기에에도 추가적으로 확장될 예정이다. 유럽은 다른 지역에 비해 채식주의 인구와 환경인식이 높아 비욘드 미트의 활약이 기대된다.

오늘날 외식업계는 사회적 가치에 민감한 밀레니얼 세대의 입맛을 맞추기 위해 맛있으면서 환경, 동물 복지, 건강까지 생각하는 일석삼조를 고려한 메뉴와 레시피를 개발하기 위해 비욘드 미트 등 다양한 식물성 제품 브랜드와 손을 잡고 있다. 비욘드 미트의 최근 다소 부진한 실적에도 불구하고 미국 패스트푸드 기업들은 여전히 대체육 제품을 긍정적으로 바라보고 있다.

이러한 트렌드에 따라 비욘드 미트와 제휴하는 소규모 체인점, 식당 등 파트너 또한 전 세계적으로 증가하고 있다. 미국식 중화요리 체인점 판다 익스프레스Panda Express는 2021년 7월부터 식물성 고기를 사용한 오렌지 치킨 메뉴를 출시했고 KFC 또한 첫 식물성 치킨 메뉴를 선보였다.

비욘드 미트 창립자 이선 브라운은 절대적으로 고기를 먹지 않는 세상은 오지 않을 것이라 한다. 대체육은 아직 많은 소비자에게 생소한 개념인데다 비욘드 미트가 실제 고기를 대체하기엔 아직까지 식감, 맛, 가격 부분에서 부족하다.

블룸버그 인텔리전스Bloomberg Intelligence의 시니어 애널리스트 제니퍼 발타셔스Jennifer Bartashus는 향후 대체육 업계에 높은 변동성이 있을 것이고 이는 장기간 지켜봐야 한다는 의견을 내었다. 어느 대체육 제품도 아직은 완전하지 않기 때문에 앞으로 비욘드 미트를 포함한 다수 기업들이 수많은 연구개발을 계속 진행할 것이며, 특정 플렉시테리언Flexitarian(가장 낮은 단계의 채식주의자)이 아닌 모든 육식주의자가 즐길 수 있는 제품이 출시되면 다양한 소비자가 부담 없이 대체육을 즐길 수 있게 될 것이란 의견을 냈다. 또한 높은 가격으로 인해 아직까지 대체육은 럭셔리 육류 제품으로 인식되고 있는데, 가격 안정화로 일반 소비자들이 쉽게 구매할 수 있는 일상 제품이 되면 현재 시장에 있는 기업들의 가치가 높아질 것이란 전망이다.

비욘드 미트는 무에서 유를 창조하는 과정을 거치고 있다. 인간이 수천년 동안 자연에서 얻은 고기를 즐겨 먹는 식습관을 하루 아침에 바꿀 순 없다. 하지만 비욘드 미트는 미래 먹거리를 만드는 기업이다. 우리는 10년, 20년 후 대체육 소비가 일상화된 세상에 살고 있을지도 모른다.

룰루레몬

Lululemon

핵심 요약

- 룰루레몬은 〈파이낸셜 타임스〉 선정 코로나 시기 중 호황을 누린 기업 탑 100 에 선정되었다. 코로나로 인해 편한 복장과 홈트레이닝, 요가 등 실내 운동이 인기를 끌며 2021년 북미와 전 세계 매출이 각각 63%, 49% 증가했다.
- 룰루레몬은 요가 복계의 명품 브랜드로 여성 타깃 시장을 공략하는 데 성공했다. 레깅스뿐만 아니라 남성 운동복, 운동화 등을 선보이며 2023년까지 남성복 매출을 두 배 올리는 데 목표 전략을 두고 있다.
- 룰루레몬은 2020년 스마트 피트니스 거울 스타트업인 미러를 인수해 빅테크 기업의 홈 피트니스 진출에 맞서고 있다.

한눈에 살펴보기

회사명	Lululemon Athletica Inc.	
설립연도	1998년	
본사	캐나다 밴쿠버	
홈페이지	www.lululemon.com	
상장일	2007년 8월 3일	
심볼	LULU	
거래소	NASDAQ	
분야	Consumer Cyclical	
업종	Apparel Retail	

어떤 사업을 하는가?

룰루레몬Lululemon은 요가복 또는 레깅스계의 명품 브랜드로 알려져 있지만 러닝, 사이클링 등 다양한 운동복, 운동화, 액세서리 등을 판매하는 스포츠 웨어 기업이다. 룰루레몬은 의류 제품뿐만 아니라 2020년 스마트 피트니스 거울 스타트업인 미러MIRROR를 5억 달러(약 6,000억 원)에 인수해 홈테크니스(홈, 테크놀로지, 피트니스의 합성어) 분야에도 투자하며 패션, 헬스, 홈 트레이닝 등을 포함한 라이프스타일 브랜드로 부상하고 있다.

1. 스포츠 웨어

계속되는 코로나로 인해 재택근무 시간이 길어지고 홈 트레이닝, 요가

맨해튼 소호에 위치한 룰루레몬 매장

등 실내 운동에 대한 관심이 급증하자 애슬레저Athleisure란 새로운 패션 트렌드가 떠오르고 있다. 애슬레저는 '운동'을 의미하는 '애슬래틱Athletic' 과 '여가'를 뜻하는 '레저Leisure'의 합성어로, 운동복의 편안함과 기능성 을 유지하며 일상복으로 캐주얼하고 스타일리시하게 입는 새로운 하이 브리드 패션을 뜻한다. 룰루레몬은 이런 애슬레저복의 대표 브랜드로 2030대 여성들이 레깅스나 요가복을 운동할 때뿐만 아니라 일상복으로 도 가볍게 입을 수 있는 트렌드를 선도하고 있다.

룰루레몬은 일반 요가복 브랜드에 비해 두 배 가량 높은 가격에도 불 구하고 꾸준히 20~30대 여성 고객층을 유지하며 2020년 한 해만 브랜 드 가치가 40%나 올랐을 정도로 인기가 지속되고 있다.

룰루레몬이 초반 큰 인기를 얻을 수 있었던 이유는 요가복이라는 니 치마켓(틈새시장)을 집중 공략하고 룰루레몬에서 자체 개발한 눌러 소재로 땀 흡수력과 편안한 착용감을 제공했기 때문이다. 고퀄리티 요가복과 레깅스를 통해 단기간 내 제품에 대한 높은 신뢰도가 쌓였고, 세련되고 질 좋은 요가복 제품 브랜드로 자리 잡을 수 있었다. 제품에 대한 신뢰도가 높아 가격이 조금 높아도 구매하는 사람이 많아졌다.

룰루레몬은 애초 높은 가격대를 책정해 여행, 운동 등 여가생활을 좋아하는 고소득층 여성을 타깃으로 운동복계의 명품 브랜드로 이미지를 구축하는데 성공했다. 룰루레몬 매장 또한 일반 스포츠 웨어 매장 느낌과는 전혀 다르게 고급스럽고 명품 매장을 연상하는 디자인과 경험을 선사한다.

아직까진 룰루레몬의 초기 요가복, 레깅스에 대한 강한 이미지가 남아있긴 하지만 룰루레몬 제품은 남성 운동복, 아동복뿐만 아니라 샴푸, 컨디셔너, 디오드란트 등 셀프케어 제품으로 사업을 확장하며 다양한 스포츠 웨어의 프리미엄 브랜드 이미지를 유지하고 있다.

지난해 룰루레몬 남성복의 매출은 44%나 증가해 여성복 증가율인 25%보다 현저하게 빠른 속도로 증가하고 있음을 보여준다. 룰루레몬은 세계적인 남성복 디자이너 로버트 겔러Robert Geller와 손잡고 편안하고 스타일리시한 남성 운동복을 선보이기도 했다.

2. 홈 피트니스

룰루레몬은 다른 글로벌 스포츠 웨어 브랜드처럼 유명 광고 모델을 중심으로 브랜드를 구축하지 않는 대신 고객 경험에 중심을 두는 마케팅을 한다. 룰루레몬 매장은 대부분 여성 고객으로 이루어져 있고 판매원은 요가강사로, 고객이 단순 제품을 구매하러 매장을 방문하는 것이 아닌 룰루레몬이 추구하는 웰니스Wellness(웰빙well-being)과 행복

거울에 영상 기술을 접목한 홈 피트니스 기업 '미러'

(happiness), 건강(fitness)의 합성어)를 경험하도록 하는 데 초점을 둔다. 룰루레몬은 매장 내에서 요가 클래스를 제공하기도 한다.

룰루레몬은 2020년 미국 스마트 거울 스타트업 '미러'를 인수해 실내 운동, 홈테크니스 기업인 펠로톤Peloton과도 경쟁하고 있다. 펠로톤은 실내용 바이크와 러닝머신을 만들어 다양한 운동 구독서비스를 제공한다.

핵심 인물은?

룰루레몬 설립자 칩 윌슨Chip Wilson은 1979년 스포츠 웨어 전문 리테일숍 웨스트 비치 스노보드Westbeach Snowboard를 창업한 경험이 있다. 윌슨은 1997년 웨스트 비치 스노보드를 매각한 후 얼마 안 된 시점에

밴쿠버에서 난생처음 요가 수업을 듣게 된다. 그는 기존 시장에 판매되던 요가복 재질이 땀 흡수력에 적합하지 않아 요가 후 옷이 비치는 고질적인 문제와 불편한 착용감 문제를 해결하기 위해 룰루레몬을 창업하게 된다.

룰루레몬은 2000년도 밴쿠버에 첫 매장을 오픈했다. 칩 윌슨은 2005년 룰루레몬의 지분 48%를 매각 후 CEO 자리에서 내려왔다. 윌슨은 여전히 룰루레몬 지분 0.1%를 보유 중이다.

룰루레몬은 2007년 7월 미국 나스닥 상장 이후 스타벅스 출신 경영인 크리스틴 데이Christine M. Day를 CEO로 영입했다. 데이는 20년간 스타벅스에서 보여줬던 성공적인 공간 마케팅 전략을 룰루레몬에 적용시켜, 단순 운동복 기업의 이미지를 벗어나 매장 내에서 룰루레몬만의 세련되고 건강한 느낌의 경험을 제공하기 시작했다. 데이는 룰루레몬에 영입된

룰루레몬 창업자 칩 윌슨(오른쪽)과 그의 아내이자 패션 디자이너인 섀넌 윌슨(왼쪽)

룰루레몬의 CEO 캘빈 맥도널드

지 4년 만에 캐나다뿐만 아니라 미국, 호주, 홍콩 등 전 세계로 룰루레몬을 확장시켰으며 그 한해 주가만 300%가 상승했다.

2018년부터 현재까지 룰루레몬의 CEO는 캘빈 맥도널드Calvin McDonald가 맡고 있다. 그는 현재 월트디즈니 이사회 멤버이자, 2013년부터 2018년까지 화장품 유통 업체 세포라Sepohra의 CEO를 역임한 인물이다.

어떤 회사들과 경쟁하나?

룰루레몬의 주 경쟁사는 언더아머Under Armour, 나이키Nike, 아디다스Adidas 등 글로벌 스포츠 웨어 브랜드다. 룰루레몬 설립자 칩 윌슨이 한때 언더아머를 인수할 고민을 했을 정도로 룰루레몬과 가까운 기업이기도 하다. 언더아머는 룰루레몬과 설립연도가 가까운 데다 초기에 '제2의 나이키'로 불리며 나이키, 아디다스 등과 어깨를 나란히 했다.

그러나 나이키와 아디다스의 압도적인 시장점유율과 빠른 디지털화를 따라가지 못하고, 무엇보다 기능성에 포커스를 두면서 애슬레저 트렌드를 따라가지 못해 룰루레몬에 비해 성장 속도가 더디다. 언더아머는 이전 남성 운동복 마케팅과 판매에 비중을 두었다면 최근 들어 여성 고객에게 어필하기 위해 매장을 새로 디자인하거나 관련 있는 광고 모델을 섭외하고 있다.

펠로톤 역시 코로나로 인해 실내 활동과 운동에 대한 관심이 급증하면서 빠르게 성장한 기업 중 하나이다. 룰루레몬의 미러와 양대산맥을 이루고 있었지만, 올해 3월부터 코로나 봉쇄조치가 완화되며 주가가 하루만에 30% 급락하는 등 위기에 직면하고 있다. 이로 인해 룰루레몬 또한 너무 큰 투자금액으로 미러를 인수한 것이 아니냐는 의견이 나오고 있으며 미러의 방향성 또한 지켜볼 필요가 있다.

사이클과 영상을 활용한 홈 피트니스 기업 '펠로톤'

지금 '룰루레몬'을
주목해야 하는 이유

룰루레몬은 2019년 '파워 오브 쓰리Power of Three' 전략과 함께 향후 5년 동안 룰루레몬이 어떤 방향에 투자하며 성장할지 발표했다. 파워 오브 쓰리의 첫 번째 계획은 기존에 판매되고 있던 남성 운동복 사업 규모를 두 배로 확장하는 것이다. 기존 20~30대 여성 고객을 타깃으로 한 요가복, 레깅스의 선두주자였던 룰루레몬은 니치마켓 공략에서 더 나아가 남성 고객을 사로잡고 운동뿐만 아니라 오피스, 여행, 출퇴근 등 다양한 일상생활에 입을 수 있는 제품을 선보일 예정이다.

두 번째 계획은 전자상거래 분야 매출을 두 배 이상 올리는 것이다. 룰루레몬은 기존에도 큰 인기를 누리고 있었지만 코로나 이후 혜택을 많이 본 기업 중 하나로, 코로나로 인해 격리가 시작되던 2020년 3월, 북미 지역에서만 룰루레몬 웹사이트 트래픽이 73.47%까지 급증했고 온라인 매출만 전년 대비 125% 상승했다. 또한 코로나와 같은 예기치 못하게 매장을 닫아야 하는 상황을 대비해 향후 이커머스 판매를 확장할 것이라 밝혔다.

세 번째 계획은 해외 매출을 4배로 올리는 것이다. 룰루레몬은 현재 캐나다, 미국, 유럽, 아시아 대부분 지역에 500개 이상의 매장을 갖추고 있으며, 이 중 300개 이상은 미국에 있을 정도로 북미 시장이 현재까지는 가장 큰 시장 점유율을 가지고 있다. 룰루레몬은 전 세계 코로나가 시작된 후에도 꾸준히 매출이 증가했다. 중국에서만 매출이 두 배 이상 증가했고 지난해 3분기 매출은 100% 이상이었다. 룰루레몬의 현 CEO 캘빈 맥도널드는 중국 웰빙 지수는 전 세계 3위로 2025년까지 19.2%의 빠른 속도로 상승할 부분을 고려해 중국에 꾸준히 매장을 열 계획이라고 밝혔다.

글로벌 애슬레저 시장은 일반 스포츠 의류 시장보다 3배 이상으로 빠르게 성장하고 있다. 2021년 이후 코로나 봉쇄조치가 완화되고 있어 룰루레몬의 미러 인수 또한 무리한 투자가 아니었나 하는 우려와, 펠로톤과 비슷한 길을 가게 되지 않을까 하는 의견이 나오고 있다. 하지만 룰루레몬의 비전은 크다. 룰루레몬은 단순 패션 또는 의류기업이 아닌 지속적으로 혁신하는 기업이다. 본사인 밴쿠버에만 다양한 엔지니어, 과학자, 연구원 및 디자이너 등이 지속적으로 새로운 제품 개발에 주력하고 있다.

아직까지 홈 피트니스 업계의 성장은 초입 단계다. 코로나로 인해 재택근무와 새로운 실내 생활 위주 라이프스타일로 건강에 대한 관심이 급증해 운동기구나 운동복에 대한 수요가 지속될 전망이기 때문에 앞으로 패션 및 의류, 매장, 홈 피트니스 시장에 어떤 혁신을 가져올지 오래 지켜볼 필요가 있는 기업임은 분명하다.

치폴레
Chipotle

─────────── **핵심 요약** ───────────

- 1993년 콜로라도에서 탄생한 치폴레는 미국 내 2,700여 개 매장과 프랑스, 캐나다 등 세계 40여 개 매장에서 타코, 샐러드, 부리토 등 멕시칸 패스트푸드를 판매한다.

- 치폴레는 미국인 입맛에 맞는 멕시칸 패스트푸드를 입지 좋은 매장에서, 고품질의 재료로, 빠르게 서비스하는 경쟁력을 갖췄다

- 강력한 브랜드 파워와 직영 매장 운영, 성공적인 디지털 플랫폼 구축을 통해 미국 패스트푸드 시장에서 경쟁 우위를 확보하고 있다.

한눈에 살펴보기

회사명	Chipotle Mexican Grill, Inc.
설립연도	1993년
본사	미국 캘리포니아 뉴포트비치
홈페이지	www.chipotle.com
상장일	2006년 1월 26일
심볼	CMG
거래소	NYSE
분야	Consumer Cyclical
업종	Restaurants

어떤 사업을 하는가?

1. 패스트푸드 프랜차이즈

치폴레Chipotle가 어떤 사업을 하는지 이해하기 위해선 '텍스-멕스Tex-Mex'라는 음식 용어를 알아야 한다. 텍스-멕스는 미국의 텍사스를 뜻하는 'Texan'과 멕시코를 뜻하는 'Mexican'의 합성어로, 텍사스로 이주한 히스패닉 사람들인 테하노Tejanos들이 즐겨 먹던 미국식 멕시코 음식을 뜻한다.

치즈, 콩, 고기, 고추 등이 주재료로 쓰이며 얇은 빵인 토르티야를 곁들인다. 김밥처럼 토르티야로 싼 부리토burritos나 토르티야 없이 본 재료만 즐기는 화히타 보울fajita bowl 등 다양한 형태가 있다. 치즈의 고소함과

PART 2 · 치폴레   133

치폴레 매장 외부 모습

고추의 매콤함이 어우러져 만드는 감칠맛에 조리의 편리함이 더해져 텍스-멕스는 텍사스 지역뿐 아니라 미국 전역에서 인기 있는 요리로 발전했다.

치폴레는 이런 요리를 패스트푸드 형태로 발전시킨 체인이다. 소고기, 닭고기, 돼지고기 등의 육류는 물론 다양한 채소와 곡물 등을 매장에서 바로 조리한 후 손님이 원하는 소스와 함께 빠르게 서빙한다. 덕분에 영양소를 고르게 섭취할 수 있고, 고기를 빼면 채식주의자들도 부담 없이 먹을 수 있는 한 끼 식사가 된다.

기름기 많은 햄버거나 치킨에 비해 건강한 재료를 사용하며 선택할 수 있는 음식 가짓수가 많다는 점도 인기 요인 중 하나다. 타바스코 같은 매운 소스나 탄산음료 등 개인 기호에 맞는 추가 재료를 곁들여 먹는다. 음식은 일반 패스트푸드들처럼 매장에서 바로 먹거나 테이크아웃 할 수 있고 배달을 시켜서 먹을 수도 있다.

치폴레가 미국 텍스-멕스 패스트푸드 시장을 이끌어나가는 비결은 단순히 음식 맛이나 재료의 퀄리티에 머무르지 않는다. 치폴레는 경쟁사 대비 월등한 디지털 트랜스포메이션 역량을 보인다. 2020년 말 기준으로 보고된 치폴레의 사업보고서를 보면 매출 절반이 디지털 채널에서 발생한다. 즉, 매장에서의 직접 주문도 많지만 모바일 앱이나 온라인 주문량이 50%를 차지한다는 것이다. 텍스-멕스 음식은 특성상 다양한 재료를 개인 취향에 맞도록 커스터마이징해서 주문한다. 따라서 매장 점원에게 어떤 재료를 넣을지 일일이 알려줘야 하는데 이를 온라인 채널에서 고객이 직접 고를 수 있도록 한 것이다. 주문 과정의 불편함을 없애고 구매 결정을 빠르게 하도록 만든 전략이 돋보인다.

커스터마이징 메뉴의 불편함을 보완한 치폴레 앱 화면

핵심 인물은?

치폴레의 역사에 있어 창업자 스티브 엘스Steve Ells는 절대적인 비중을 차지한다. 엘스는 1993년부터 2017년까지 CEO로 치폴레를 이끌었다. 2018년부터는 이사회 의장을 맡았으며 2020년 퇴임했다. 무려 28년간 치폴레를 이끌었는데 그만큼 지금의 치폴레가 가진 명성과 인기를 만드는 데 결정적인 역할을 한 것이다.

엘스는 1965년 미국 인디애나에서 태어나 콜로라도대학교에서 미술사를 전공했다. 당시 그는 고급 레스토랑 요리사가 되고 싶어 했다. 대학 졸업 후 미국 최고의 요리 학교라 불리는 CIA(Culinary Institute of America)에 들어가 1990년에 과정을 마치고 샌프란시스코에 위치한 레스토랑에서 2년간 셰프 생활을 했다. 그러다 1993년 부리토 요리에서 사업 기회를 발견하고 모교인 콜로라도대학교 근처에 치폴레 1호 매장을 열었다.

그는 햄버거나 치킨처럼 맛에 집중한 일반 패스트푸드 체인과 달리 건강한 패스트푸드를 만들고 싶었다. 평소 아시아 음식을 좋아했던 그의 취향이 신선한 재료로 만든 텍스-멕스 음식을 사업 아이템으로 고르는 데 큰 영향을 끼쳤다. 그래서인지 지금도 치폴레 매장에는 재료를 장기간 보관하는 냉동고가 없고 매장 직원들이 고기나 야채를 직접 조리하는 시스템을 갖추고 있다.

치폴레의 마케팅 방식에도 엘스의 손길이 많이 묻어 있다. 한때 맥도날드가 치폴레의 주요 주주였던 적이 있는데 그는 〈타임Time〉과의 인터뷰에서 맥도날드로부터 배운 것은 '무엇을 해야 할지'가 아니라 '무엇을 하면 안 되는지'였다고 밝혔다.

치폴레의 창업자 스티브 엘스

즉, 맥도날드처럼 저렴한 미끼 상품을 판매하거나 쿠폰 프로모션 같은 방식이 치폴레에는 어울리지 않는다는 것을 배웠다고 한다. 엘스가 떠난 후 현재 치폴레는 브라이언 니콜Brian Niccol이 CEO를 맡고 있다. 그는 P&G와 피자헛Pizza Hut 등에서 브랜드 매니저로 경력을 쌓은 후 2015년부터 2018년까지 타코벨의 CEO를 역임한 인물이다.

어떤 회사들과 경쟁하나?

미국인 입맛에 맞춘 멕시칸 스타일의 패스트푸드 체인이 미국에는 치폴레 외에도 여럿 있다. 큐도바Qdoba Mexican Eats는 텍스-멕스 분야에서 치폴레의 가장 큰 경쟁사다. 큐도바는 2021년 현재 미국 732개, 캐나다 11개 매장을 운영 중이며 메뉴 종류나 가격 면에서 치폴레와 큰 차이가 없다. 큐도바는 1993년 치폴레가 영업을 시작한 2년 뒤인 1995년 설립됐다. 흥미롭게도 큐도바와 치폴레 모두 콜로라도 덴버 지역에서 첫 비즈니스를 시작했다.

염 브랜드Yum! Brands의 타코벨Taco Bell도 치폴레의 경쟁사다. 염 브랜드는 운영규모 면에서 세계에서 가장 큰 패스트푸드 기업으로 타코벨뿐 아니라 KFC와 피자헛 등 여러 프랜차이즈 브랜드를 보유하며 무려 4만 개가 넘는 매장을 운영하고 있다. 한국에도 매장을 둔 타코벨은 치폴레가 6달러 이상의 부리토와 샐러드 제품에 중점을 둔 반면, 개당 1달러대의 타코를 중심으로 한 저렴한 메뉴가 특징이다.

'타코벨'의 'THREE TACO SUPREME' 메뉴

지금 '치폴레'를
주목해야 하는 이유

치폴레가 향후 고객의 사랑을 꾸준히 받을 수 있는 경쟁력은 '디지털 역동성'이라는 키워드로 요약할 수 있다. 치폴레는 디지털 시대에 패스트푸드 회사가 성공하기 위해 어떤 역동성을 가져야 하는지 잘 보여준다. 치폴레는 기본적으로 재료를 조달하고 맛있는 음식을 제조하는 역량에 초점을 맞춘 오프라인 중심 기업이지만 디지털 기술을 사업에 접목시키는 역량이 상당히 뛰어나다.

여기서 말하는 디지털 역동성은 단순히 고객 주문용 앱을 잘 만드는 것만 뜻하진 않는다. 요즘은 모든 패스트푸드 회사가 주문 앱을 잘 만들어 상향평준화되어 있기 때문에 앱을 잘 만들었다고 해서 회사의 디지털 역량이 우수하다고 판단할 수는 없다. 중요한 것은 회사의 핵심 비즈니스 자체를 어떻게 디지털 중심으로 운영하는가이다.

이를 잘 보여주는 사례가 바로 2021년 치폴레가 뉴욕에 오픈한 '치폴레 디지털 키친'이다. 이 키친은 픽업과 배달을 전문으로 처리하는 지점이다. 고객이 식사할 수 있는 공간을 없애는 대신 도심 한가운데에 소규모로 매장을 차릴 수 있다. 임대료와 인건비, 관리비 등 오프라인 매장에 들어가는 고정비를 줄이면서 온라인 주문 처리에 집중한 치폴레 전용 '고스트 키친 ghost kitchen(매장 없는 음식점)'인 셈이다.

미국 식당협회의 최근 조사에 따르면 2020년 상반기 코로나 사태가 터지며 미국 내 레스토랑 중 약 10만 곳이 문을 닫았다고 한다. 이를 돈으로 환산하면 2020년 말 기준 2,400억 달러(약 275조 원)에 달한다. 일자리를 잃은 사람은 300만 명이나 된다. 이런 비관적인 상황에서도 치폴레는 디지털 인프라에 대한 투자를 아끼지 않았다. 재택근무와 비대면 음식 주문이 늘어남에 따라 매출도 덩달아 증가하며 올 한해 눈에 띄는 성장을 보일 것으로 예상된다.

CVS 헬스

CVS Health Corporation

───── **핵심 요약** ─────

- CVS 헬스는 1963년 미국 매사추세츠주에서 시작된 기업으로, 산하에 약국 체인 CVS 약국, 미국 최대 의약 유통회사 CVS 케어마크 및 의료보험회사 애트나 같은 회사들을 보유하고 있는 의료 전문 기업이다.

- CVS는 약국으로 많은 사람들에게 알려져 있지만, 최근 약국 내에서도 다양한 의료검사들과 처방을 받을 수 있는 미닛클리닉과 헬스허브 등을 도입하며 단순히 약 판매를 넘어 고객들이 더 많은 의료 서비스를 받을 수 있도록 업그레이드 하고 있다.

- 앞으로도 더 많은 사람들에게 접근성이 좋고 비교적 저렴한 의료 서비스를 제공하기 위해 새롭고 다양한 서비스를 선보일 것으로 보이며 글로벌 진출 등을 통한 긍정적인 미래가 기대되는 기업이다.

회사명	CVS Health Corporation
설립연도	1963년
본사	미국 로드아일랜드 운소킷
홈페이지	www.cvshealth.com
상장일	1996년 10월 16일
심볼	CVS
거래소	NYSE
분야	Healthcare
업종	Healthcare Plans

어떤 사업을 하는가?

CVS 헬스CVS Health Corporation는 미국 내에서 가장 큰 체인형 약국을 운영하고 있는 기업이며, CVS라는 회사명의 약자가 'Consumer Value Stores'일 만큼 소비자들의 필요를 충족시키는 데 중요한 가치를 두는 기업이다. CVS 헬스는 1963년 스탠리 골드스타인Stanley Goldstein, 시드니 골드스타인Sidney Goldstein 형제와 랄프 호그랜드Ralph Hoagland가 공동으로 설립했으며 현재는 미국 로드아일랜드라는 작은 주에 그 본사를 두고 있다. 이전에는 'CVS Caremark Corporation'으로 알려졌으나, 2014년 9월, 정식으로 'CVS Health Corporation'으로 사명을 변경했다.

CVS 약국 외부 모습

1. CVS 약국

CVS 약국(CVS Pharmacy)은 약의 조제 및 관리, 소매 약국 네트워크 관리, 우편을 통한 약 주문, 투약, 임상, 질병 및 의료 지출 관리 서비스를 포함한 포괄적인 약국 관리 솔루션을 제공한다.

고용주, 보험사, 노조, 메디케이드Medicaid 관리형 진료 플랜, 공공 의료 보험 및 민간 의료보험 교환에 대해 제공되는 플랜, 기타 의료보험 플랜 등의 서비스를 후원자 및 개인에게 제공한다. 특히 CVS 약국 서비스는 소매 전문 약국 매장과 전문 우편 주문, 우편 주문 조제, 복합 약국 및 투약 서비스를 위한 지점들을 운영하고 있다.

2. 소매 및 장기 케어 서비스

한편 CVS 헬스의 소매 및 LTC(Long-Term Care, 장기 케어) 서비스 부문은 처방전이 필요한 의약품 또는 처방전 없이 살 수 있는 일반의약품, 소비자 건강 및 미용 제품, 개인 관리 제품을 판매함과 동시에 미닛클리닉MinuteClinic 방문 진료소와 헬스허브HealthHUB를 통해 의료 서비스도 제공하고 있다.

또한 이 부문은 처방약을 배포하며, 만성질병 치료시설 등과 관련된 약국 컨설팅 및 기타 서비스도 제공하고 있다. CVS 헬스는 2020년 12월 31일 기준, 약 9,900여 곳의 소매점과 약 1,100여 곳의 미닛클리닉, 온라인 소매 약국, LTC 약국 등을 운영하고 있다.

3. 의료보험

CVS 헬스의 의료 혜택(Health Care Benefits) 부문은 소비자 중심의 의료보험 상품 관련 서비스를 제공하는데 고용주, 개인, 대학생, 시간제 근로자, 의료보험, 의료 서비스 제공자, 정부기관, 정부 후원 플랜, 노동단체 및 국외 거주자들에게 서비스를 제공한다.

CVS 헬스의 전체 매출은 지난 2021년 기준, 약 2,921억 달러(약 363조 원)에 달했다. 그 중 약국 서비스 부문은 지난 2020년 기준, 기업 총

미닛클리닉과 헬스허브를 통해 전방위 의료 서비스를 제공한다.

하락장이 두렵지 않은 미국 우량주 28

의료보험기업 애트나 홈페이지

매출의 약 53%에 달하는 약 1,420억 달러(약 177조 원)였으며, 의료 혜택 부문은 약 755억 달러(약 94조 원)의 매출을 올려 총 매출의 약 28%에 달했다.

특히 의료 혜택 부문의 매출은 의료보험사인 애트나Aetna 인수 이후 꾸준히 상승하고 있는데 2020년에도 전년도에 비해 8.4% 정도 상승한 실적을 보여줬다. 애트나의 인수는 CVS 헬스로 하여금 의료보험 시장에 진출하는 새로운 기회를 제공했다는 점에서 중요한 성과로 평가된다.

핵심 인물은?

CVS 헬스의 현재 CEO는 캐런 린치Karen S Lynch다. 린치는 30만 명이 넘는 직원들의 수장으로서 의료서비스를 보다 단순하고 편리하며 개인 맞춤형으로 전환하는 것을 목표로 삼고 CVS 헬스를 이끌고 있다.

린치는 의료산업에서 30년 이상의 경험을 가지고 있다. CVS 헬스의

CVS를 이끌고 있는 캐런 린치

CEO가 되기 전에는 애트나 보험회사의 부사장직을 역임했으며, 애트나가 서비스하는 수백만 명의 사람들에게 소비자를 중심으로 한 높은 가치의 의료서비스를 제공하기 위한 전략을 주도했다. CVS 헬스의 CEO가 된 후에는 2021년 〈포브스〉 선정 '50대 이상 가장 영향력 있는 50인', 지난 2020년에는 '세계에서 가장 영향력 있는 여성 100'에 선정되는 등 대내외적으로 많은 영향력을 행사하며 CVS 헬스를 성공적으로 이끌고 있다.

린치가 이끄는 CVS 헬스는 오프라인 약국 약 9,900여 곳과 미닛클리닉과 헬스허브 1,100여 곳을 통해 매년 1억 명 이상의 미국인들의 건강한 삶을 위해 노력하고 있다. 건강보험 상품 및 관련 서비스를 통해 약 3,400만 명의 미국인들에게 보험서비스를 제공하고 있으며, 전국의 테스트 솔루션과 백신 접종을 통해 코로나에 대한 국가적 대응에도 선도적인 역할을 수행하고 있다.

어떤 회사들과 경쟁하나?

CVS 헬스의 주된 경쟁자들은 다른 체인형 약국을 운영하는 월그린스Walgreens와 같은 회사들 또는 의료·보건 사업을 운영하는 기업들이다. 그러나 CVS 헬스처럼 약국 매장과 애트나 같은 의료보험업을 함께 영위하는 기업은 찾아보기 어려우며, 그로 인해 관련 시장에 대한 확실한 영향력을 가지고 있는 기업이다. 그 결과 회사의 규모, 그 기업가치까지 현재로서는 해당 분야에서는 압도적인 선두자리를 지키고 있다.

그러나 전통적인 약국 기업들 외에도 아마존 같은 새로운 IT 기업들, 캡슐Capsule이나 나우알엑스NowRx와 같은 전자약국 스타트업들과의 경쟁도 점점 치열해지고 있다. 의료 솔루션과 관련해 지속적으로 진화하는 소비자의 요구에 대응해 이제 약국은 단순히 처방전에 따라 약을 조제하고 비처방전 약을 판매하는 장소 그 이상으로 변모해야 하는 시대적 상황에 직면한 것이다.

전자약국 스타트업 '캡슐'의 제품 이미지

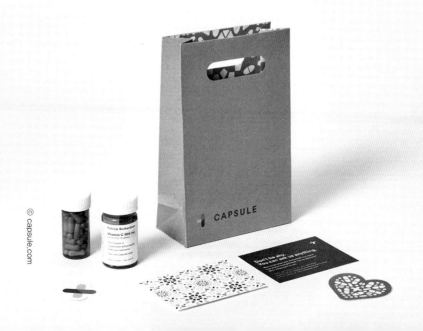

© capsule.com

하지만 CVS 헬스는 기업의 경쟁에 대한 굉장히 긍정적인 자세를 갖추고 있으며 오히려 경쟁을 환영하고 있다. 의료·보건 기업들 간의 경쟁은 한 회사의 특정 질병에 대한 치료법이나 약에 대한 독점을 막고, 각 기업들이 시장에서 우위를 점하려 더욱 더 발전된 치료법이나 약을 개발하도록 유도하며, 그로 인한 가장 큰 이득은 결국 고객들에게 돌아간다는 입장을 가지고 있다.

지금 'CVS 헬스'를
주목해야 하는 이유

CVS 헬스는 처음에는 약국이 아닌 편의점과 유사한 형태로 사업을 시작했으나, 최근 의료사업 분야로 더욱 전문화하기 위해 다양한 내부 정책과 프로젝트의 방향성을 더욱 더 확고하게 재편하고 있다.

2014년부터 자신들의 기업이념과 맞지 않는다고 판단해 매장에서의 담배 판매를 중단한 일이나, 의료보험 회사인 애트나를 인수해 더욱 많은 사람들이 의료보험 혜택을 받을 수 있도록 노력하고, 약국 매장 안에 헬스허브라는 의료 클리닉을 운영해 꼭 병원에 가지 않더라도 검사 또는 처방을 받을 수 있는 공간을 마련하는 등 최대한 많은 고객들에게 의료 서비스를 제공하기 위해 노력하고 있다.

아마존의 필팩PillPack, 캡슐, 나우알엑스, 힘스 앤 허스Hims & Hers, 로 앤 블링크 헬스Ro and Blink Health 등 의료·보건 스타트업들의 등장으로 인해 오늘날 약국 유통시장은 큰 격변기를 겪고 있다. 이 스타트업들은 소비지들에게 기존의 약국들보다 훨씬 저렴하고 빠르게 처방약 서비스를 제공하고자 한다. 이에 대응해 CVS 헬스는 온라인상의 경쟁에서 우위를 점하기 위해 처방전 할인 혜택과 회원들에게 빠른 배송을 제공하는 프로그램을 시작했다. CVS 헬스의 케어패스CarePass는 회원에게 처방약 주문을 1일 또는 2일 내 무료배송하는 것은 물론 365일 CVS 헬스 소속 약사와의 연락망 제공 같은 혜택을 제공한다. 또한 CVS 헬스는 지난 2015년 12월, 약 19억 달러(약 2조 3,600억 원)에 미국 내 대형마켓 체인인 타깃Target의 약국 및 클리닉 사업을 인수하고 현재는 CVS 약국으로 사용 중이다.

CVS 헬스는 자신들의 오프라인 매장을 소비자의 의료 요구를 위한 일종의 커뮤니티 센터로 활용하고 있다. CVS 헬스는 헬스허브 매장을 통해 고객이 건강에 대한 포괄적인 솔루션을 얻을 수 있도록 서비스를 제공하는 것을 목표로 삼는다. 지난 2020년 2월, 시범적으로 휴스턴에 첫 3개 매장을 출시한 후 향후 2년간 약 1,500개의 매장을 헬스허브로 전환하겠다는 계획으로 진행하고 있으며, 전환된 헬스허브 매장들은 건강 보조제품 및 개인 맞춤 컨설팅을 포함해 소매 공간의 약 20%를 건강 서비스에 할당한다.

한편 CVS 헬스는 코로나로 인해 주가에 큰 타격을 입지 않은 대표적인 기업 중 하나이기도 하다. 코로나 확산 이후 지난 2020년 4월에는 50달러 중반까지 일시적으로 하락했으나, 이후 꾸준히 주가를 회복해 2022년 초 신고가를 기록하며 주당 110달러까지 근접했다. 2022년 3월 현재 주당 100달러대 중반 수준을 유지하며 약세장에서도 선방하는 모습을 보여주고 있다.

〈CNN 비즈니스 주식전망 보고서〉에 따르면, 총 27명의 주식 애널리스트 중 4명이 강력매수(outperform) 의견, 16명이 매수(buy) 의견, 그리고 7명이 중립(hold) 의견을 나타냈다. 또한, 23명의 애널리스트의 분석의견에 따르면 CVS 헬스의 주가 목표치는 중간값이 119달러, 가장 높은 예상치가 약

125달러, 가장 낮은 예상치가 98달러 수준으로 나타나면서 전반적으로 매수의견이 우세했다.

의료 서비스는 여전히 대다수 미국인들에게는 멀게 느껴지는 부분으로, 기업의 자그마한 노력도 시장에 큰 영향을 미칠 수 있는 분야다. 의료 서비스의 대중화를 위한 CVS 헬스의 노력이 시장에 큰 영향을 미칠 때까지는 앞으로도 수년이 더 걸리겠지만, 이는 CVS 헬스를 다른 경쟁자들보다 시장에서 앞서 나갈 수 있도록 만드는 중요한 가치이다.

CVS 헬스는 앞으로 약 5년 내 기존의 약국 매장보다 훨씬 더 많은 것을 제공하는 포괄적인 서비스 매장 네트워크를 전국적으로 가지게 될 것으로 예상한다. 더불어 의료 서비스의 대중화와 더 많은 사람들에게 보다 접근성이 쉬운 서비스를 제공하는 것에 큰 의의를 두는 이 기업의 경영 철학은 앞으로도 변함이 없을 것이다.

앱하비스트

AppHarvest

∧ AppHarvest

─── **핵심 요약** ───

● 앱하비스트는 2017년 2월 창립 이후 4년만인 2021년 2월 기업인수목적회사 노버스 캐피털과 스팩 합병 후 나스닥에 상장되었다.

● 2021년 농업용 로봇 기업 루트AI를 6,000만 달러(약 673억 원)에 인수하며 인공지능 기술을 농업에 적용하고 있다.

● 2022년 3월 이후 러시아가 우크라이나를 침공하며 양국에 의존도가 높았던 식자재 시장이 크게 영향을 받고 있다. 농업, 식자재 업계가 긴장하는 가운데 실내농업 기업들이 다시금 주목을 받으며 앱하비스트의 주가가 16%나 상승해 2021년 12월 이후로 가장 높은 가격대를 기록했다.

한눈에 살펴보기

회사명	AppHarvest, Inc.
설립연도	2017년
본사	미국 켄터키 렉싱턴
홈페이지	www.appharvest.com
상장일	2021년 2월 1일
심볼	APPH
거래소	NASDAQ
분야	Consumer Defensive
업종	Farm Products

어떤 사업을 하는가?

예기치 못한 코로나 사태로 식품 수입 의존도가 높은 싱가포르나 홍콩 같은 국가는 물론이고 미국 또한 농업 인력 부족과 농산물 유통에 큰 타격을 받고 있다. 한정적인 자원으로 미래 기후 변화와 식량 문제에 대한 대책으로 실내 수직 농업이 거론되며 미국 내 세계 최대 스마트팜 기업인 앱하비스트AppHarvest가 떠오르고 있다.

앱하비스트를 설립한 조너선 웹Jonathan Webb은 전직 농부도 아니고 곡물 과학자도 아니다. 그는 미국 중동부 켄터키주 출신으로 켄터키대학교에서 비즈니스와 마케팅을 공부한 후 첫 직장으로 미국 국방부에서 근무한 경력을 갖고 있다.

당시 국방부에서 백악관 내 재생 가능 에너지원의 20%를 대체하는 프로젝트에 참여했다. 수년간 미래 에너지 분야에서 경험과 지식을 쌓은 웹은 켄터키주의 주산업인 석탄 산업이 쇠퇴하고 경기가 어려워지자 지역경제를 되살리기 위해 고향으로 돌아가 2017년 2월 미래형 팜테크 Farm-tech(농업에 IT를 결합해 부가가치를 높이는 기술) 사업을 시작하게 된다.

1. 스마트팜

현재 스마트팜 보급률이 99%에 달하는 네덜란드는 전 세계에서 팜테크 업계 최고의 기술력을 자랑한다. 앱하비스트는 이런 네덜란드의 선진 기술을 도입하기 위해 네덜란드 정부뿐만 아니라 실내환경 제어 최고의 기술력을 자랑하는 네덜란드 기업인 프리바PRIVA 등과 협약을 맺기도 했다.

앱하비스트는 기존 농업 방식과 다른 수경 재배 방식으로 농작물을 육성한다. 빗물을 재활용한 수경 재배 방식으로 기존 방식보다 90%의

앱하비스트가 인수한 '루트 AI'의 수확 로봇

물을 절약하고, 태양, 고압 나트륨, LED 조명은 40%의 가스 사용을 줄이며, AI, 자동화 기술을 활용해 365일 농산물이 자랄 수 있는 최적의 환경을 통해 기존 농법의 수확량보다 30배 이상 많은 농산물을 재배할 수 있다.

앱하비스트 실내농업 단지는 60에이커(약 7만 평) 규모로 켄터키주 내 애팔래치아 지역에 있으며 주로 키우는 작물은 토마토다. 매년 약 4,500만 파운드 양을 생산할 수 있다.

앱하비스트는 2021년 1월 첫 토마토 수확을 시작으로 미국 대형 마트 크로거Kroger, 월마트, 푸드시티Food City와 패스트푸드 체인 웬디스Wendy's에 유통을 시작했다. 가격은 기존 유통되던 일반 토마토와 비슷한 가격대이며 넝쿨째 공급한다는 특징이 있다. 넝쿨이 붙어있는 토마토는 계속 익어가기 때문에 소비자 식탁에 도착할 때까지 충분한 영양소가 제공되고 최상의 신선도가 유지된다. 추후 토마토뿐 아니라 오이 재배에도 투자할 계획인 것으로 알려져 있다.

2. 농산물 유통

앱하비스트의 비전은 크게 두 가지다. 하나는 식량 재배부터 공급까지 유통 과정을 빠르고 효율적으로 해결하는 것이다. 앱하비스트가 실내 농업 단지를 세울 때 켄터키주를 선택한 이유도 미국 모든 지역에 하루만에 배송이 가능하다는 지리적 이점 때문이다. 실내 농업은 외부 환경에 영향 받지 않고 실내에서 작물이 자라는데 최직의 환경을 인공적으로 컨트롤이 가능하다. 실내 농업 단지에서 재배된 토마토를 당일 미국 모든 지역에 유통할 수 있게 해 최상의 신선도를 유지하게 하는 것이 목표다.

앱하비스트의 넓은 실내 농업 단지

　두 번째 비전은 앱하비스트가 단순 농산물 생산 기업이 아닌 AI, 자동화 기술 등 다양한 기술로 작물 재배에 최적의 환경을 적용하는 테크 기업으로 성장하는 것이다. 창립 4년이 채 되지 않은 시점에 앱하비스트는 가장 중요한 소비자의 신뢰를 기반으로, 투명성이 확실한 실내 농업 기업으로 도약하기 위해 주식회사가 될 방안으로 전략을 바꿨다. 2021년 2월, 기업인수목적회사 노버스 캐피털Novus Capital과 스팩 합병 후 나스닥에 상장되었다.

핵심 인물은?

　앱하비스트는 창립자인 조너선 웹뿐 아니라 창립 후 합류한 팀원들도 눈에 띈다. 조너선은 사업 초기 국방부에서 쌓은 네트워크를 통해 미국 최대 미디어 기업 AOL 창립자 스티브 케이스Steve Case를 포함한 여러 투자자로부터 조기 투자를 받을 수 있었고 이를 통해 지금의 어벤저스 팀을 모을 수 있었다.

2021년 부사장으로 합류한 데이비드 리David Lee는 식물성 육류 기업 임파서블 푸드의 최고재무책임자(CFO) 출신으로 델몬트Del Monte 등의 기업에서 오래 근무한 경력을 가지고 있다. 그는 임파서블 푸드에서 13억 달러(약 1조 4,000억 원)의 투자 유치에 성공해 제품 개발, 생산, 유통 등이 용이해질 수 있도록 기여한 바 있다. 이미 미래 식품 분야에 성공적인 투자 유치 경험이 있는 데이비드 리는 지속가능한 식자재 업계에 기여하기 위해 앱하비스트의 비전을 보고 합류했다.

뿐만 아니라 2021년 앱하비스트가 농작물 수확 로봇 스타트업인 '루트AIRoot AI'를 인수하며 루트AI 공동 창업자인 조슈아 레싱Joshua Lessing도 최고기술책임자(CTO)로 합류하게 되었다.

앱하비스트 CEO 조너선 웹

'에어로팜'의 수직농장

어떤 회사들과 경쟁하나?

　첨단 기술을 농업에 접목해 새로운 미래 산업으로 주목받는 팜테크는 이제 막 떠오르는 산업 중 하나다. 앱하비스트의 주 경쟁사는 에어로팜Aerofarms, 플랜티Plenty, 보워리 파밍Bowery Farming, 고담 그린즈Gotham Greens, 리틀 리프 팜Little Leaf Farm 등이 있다.

　경쟁사들은 대규모 실내 수직 농장을 운영하며 다양한 잎채소부터 베리류 과일까지 다양하게 재배하고 있다. 플랜티, 보워리 파밍, 고담 그린즈, 리틀 리프 팜 모두 농업과 첨단 기술이 융합된 스마트팜 기업이다. 재배하는 곡물과 샐러드 종류는 기업별로 조금 차이가 있지만 네 기업 모두 실내형 수직 농장 시스템을 통해 소비자와 가까운 곳, 대형마트 등과 파트너십을 맺어 식품을 보다 효율적으로 제공하고 있다는 점에서 비즈니스 모델은 비슷하다.

특히 에어로팜은 '농업계의 애플'로 주목을 받으며 앱하비스트와 비슷한 방식의 스팩 합병을 통해 주식시장에 상장해 큰 주목을 받고 있다. 보워리 파밍은 삼성전자에서 빅스비를 개발한 이인종 부사장을 최고기술책임자로 합류시키며 앞으로 농업과 AI 부문에 더 많은 투자를 할 것이라고 밝혔다.

앱하비스트가 기술에 포커스를 두고 있는 팜테크 기업이긴 하지만 농작물 재배에 있어서는 농작물 유통과 식자재 관련 기업들 또한 경쟁사라고 볼 수 있다. 스마트팜은 단순 농산물을 재배하는 과정뿐만 아니라 농업 유통업계에도 혁신을 일으키고 있다. 대부분의 스마트팜은 실내농장에서 재배한 신선한 농작물을 바로 소비자에게 판매하는 것을 목표로 하고 있기 때문에, 기존 농업계에 사용되던 복잡한 유통과정을 단축하는 과정에서 유통 및 도소매업 관련 업체들 또한 위협을 받고 있다.

지금 '앱하비스트'를
주목해야 하는 이유

기후 변화로 인한 식량 위기 문제에 대한 관심과 대응 노력이 활발해지
며 농업 시장 규모는 더 커질 전망이다. 2028년 전 세계 수직 농업 시장 규
모는 211억 5,000달러(약 24조 원)로 추정되며 각국 정부도 스마트팜 도입 등
지원 정책을 확장하고 있다.

지난 2년간 농업 관련 기업 투자가 40억 달러(약 4조 7,000억 원)에 달하며
더 많은 팜테크 스타트업이 떠오르는 추세다. 다만 이런 팜테크 기업의 문
제는 수경재배나 분무식 재배를 통해 자랄 수 있는 작물이 제한적이라는
점 외에도 작물 재배 과정 등 인간이 통제할 수 없는 부분이 많다는 한계
가 있다. 게다가 대부분 팜테크 스타트업의 초기 비용이 많이 들어가고 농
작물 수확까지 걸리는 물리적 시간 때문에 흑자 전환까지 꽤 오랜 기다림이
필요하다.

아직 여러 방면으로 해결해야 할 문제가 많고 실험 과정에 있는 스타트
업이 많지만 미래 식량 문제의 해결책으로 떠오르며 큰 잠재력을 가지고
있다.

이런 상황에서 앱하비스트는 빠른 성장을 보이고 있다. 2021년 1월 첫

토마토 수확을 시작으로 380만 파운드(약 170만 킬로그램)의 토마토를 판매했고, 같은 해 2분기에는 860만 파운드(약 390만 킬로그램)의 토마토를 판매해 310만 달러(약 36억 4,000억 원) 순매출액을 기록했다.

앱하비스트는 미국 내 최대 스마트 실내 농업 단지 건설을 목표로 갖고 있다. 향후 2022년 켄터키주 배리어 지역에 15에이크(약 1만 8,000평), 리치먼드에 60에이크(약 7만 평)의 확장 계획과 함께 2025년에는 총 12개의 실내 농업을 운영할 계획이다.

앱하비스트는 장기적으로 지켜봐야 할 미래지향적 기업 중 하나다. 농업 업계는 다른 테크 업계처럼 결과물을 빨리 볼 수 있는 시스템을 갖추고 있지 않은 데다 기술적인 부분이 활발히 투자되지 않은 미개발된 상태로 큰 가능성을 가지고 있어, 향후 시장에 높은 변동성이 있을 것이라는 전망이다.

현재 미국에서 유통되는 90%의 토마토는 멕시코에서 수입된다. 앱하비스트는 이런 높은 식품 수입 의존도를 낮추고 보다 신선한 토마토를 미국 내에 유통하여 미래 농업계에 큰 변화를 가져올 것으로 기대된다.

PART **3** 〉 안정적인 일상을 위한

‘산업재 기업’ 7

허니웰

Honeywell International

Honeywell

핵심 요약

- 허니웰은 우주항공, 인프라 제어, 특수소재, 안전 및 생산성 솔루션 등 다양한 분야에서 하드웨어와 소프트웨어를 판매하는 다국적 복합기업이다.

- 단기적으로 팬데믹과 인플레이션은 허니웰 매출에 장애 요소지만, 작업장 안전 과 자동화 설비 수요가 증가하는 트렌드는 허니웰에게 기회다.

- 허니웰 매출 중 가장 큰 비중을 차지하는 우주항공 부문 매출은 미 국방부와 방 위업체, 항공사들의 지속적인 투자 덕분에 최근 3년 연속 증가했다.

한눈에 살펴보기

회사명	Honeywell International Inc.
설립연도	1906년
본사	미국 노스캐롤라이나 샬럿
홈페이지	www.honeywell.com
상장일	1927년
심볼	HON
거래소	NASDAQ
분야	Industrials
업종	Conglomerates

어떤 사업을 하는가?

허니웰Honeywell International은 한국인에게 친근한 가전 브랜드 중 하나다. 웬만한 아파트마다 설치돼 있는 온도 조절기, 인터폰, 일산화탄소 경보기 등에서 '허니웰'이라는 이름을 쉽게 발견할 수 있기 때문이다. 그래서 허니웰을 가정용 가전을 만드는 회사로 인식하기 쉽지만 1906년 설립된 허니웰은 역사만큼 사업 구조 또한 상당히 방대한 편이다.

허니웰의 사업군은 크게 우주항공(Aerospace), 인프라 제어(Building Technologies), 특수 소재 및 기술(Performance materials and technologies), 안전 및 생산성 솔루션(Safety and productivity solutions) 등 4분야로 나뉜다.

하락장이 두렵지 않은 미국 우량주 28

1. 우주항공

허니웰 매출 중 가장 큰 비중을 차지하는 우주항공 분야는 동력장치, 기내 환기, 엔진, 파일럿 시스템, 전력, 통신, 객실 등 항공기 관련 부품의 생산과 관리 서비스 등을 포괄한다. 항공기 제작과 운행 전반에 필요한 각종 하드웨어 및 소프트웨어를 공급하는데, 미 국방부 등 정부 부처와 주요 항공기 제조사를 고객으로 두고 있다. 기업의 디지털 트랜스포메이션을 돕는 '허니웰 포지Honeywell Forge' 시스템을 통해 고객사의 항공기 운영과 유지 보수에 대한 예측을 더 정확히 할 수 있도록 돕는다.

허니웰의 우주항공 사업 중 눈길을 끄는 업적은 1969년 닐 암스트롱이 아폴로 11호를 타고 달에 착륙한 역사적 프로젝트에 참여했다는 사실이다. 이 프로젝트에서 허니웰은 우주인의 호흡과 급수를 돕고, 우주선 내부온도와 압력을 적절하게 유지하는 장치를 공급했다. 14개의 전자기기를 만드는데 1만 6,000개에 달하는 부품이 사용되었다고 한다. 참

허니웰에서는 항공기 제작, 운행 전반에 필요한 하드웨어 및 소프트웨어를 생산한다.

고로 당시 닐 암스트롱 일행이 착륙한 곳이 바로 고요의 바다(Sea of Tranquility)다. 다음 링크에서 아폴로 11호 프로젝트와 그 외 허니웰의 역사를 자세히 살펴볼 수 있다.

허니웰 역사 링크

2. 인프라 제어

허니웰의 인프라 제어 분야는 공항을 비롯해 공장, 빌딩, 교정시설, 데이터센터, 학교, 병원, 스마트시티 등을 망라한다. 공조, 네트워크, 보안, 센서, 조명 등 건물 운영에 필요한 제품 및 솔루션들이 인프라 제어 분야에 속한다. 허니웰의 다른 사업군들이 B2B 중심이라면 인프라 제어 분야는 상대적으로 일반 소비자들과의 접점이 많은데 그만큼 경제 상황에 따라 매출 변화가 뚜렷하다.

3. 특수소재 및 기술

특수소재 사업군은 UOP(Universal Oil Products), 프로세스 솔루션(Process Solutions), 첨단 소재(Advanced Materials)로 나뉜다. 허니웰의 계열사인 UOP는 에너지 석유화학과 관련한 특허를 세계에서 가장 많이 보유한 기업이다. 1914년에 설립되었으며 2005년 허니웰에 인수돼 현재에 이르고 있다. 원유 정제, 가스 가공, 석유화학제품 등을 생산한다.

2021년 4월에는 현대오일뱅크 정유공장을 친환경 플랫폼으로 바꾸는 내용의 'RE플랫폼 전환을 위한 기술 협력 양해각서'를 체결하기도 했다. 프로세스 솔루션 분야는 자동화 설비 솔루션, 스마트 에너지 솔루션, 공정 제어 솔루션 등을 판매한다. 첨단소재 사업 분야에서는 방탄복, 나일론, 컴퓨터 칩, 의약품 포장지, 기후변화 대응 냉매제 등을 생산한다.

May 16. 2018 | **SAFETY AND PRODUCTIVITY SOLUTIONS**
Investor Showcase

허니웰에서는 개인보호를 위한 안전 및 생산성 솔루션을 제공한다.

4. 안전 및 생산성 솔루션

안전 및 생산성 솔루션 사업군은 PPE(Personal Protective Equipment, 개인 보호 장비), 작업용 신발과 의류, 가스 경보기 등 안전 관련 장비 및 자동화, 데이터 수집, 센서 등 기업의 생산성을 높이기 위한 기기와 소프트웨어를 포함한다.

최근 허니웰의 전체 매출은 2018년 418억 달러, 2019년 367억 달러, 2020년 326억 달러(약 39조 원)로 감소세를 기록했다. 순이익은 2018년 68억 달러, 2019년 61억 달러, 2020년 48억 달러(약 5조 7,000억 원)를 올렸다.

2020년 현재 각 사업군별 매출은 우주항공 분야가 115억 달러(약 14

조 6,000억)로 4개 분야 중 가장 큰 비중을 차지했다. 이어 특수소재 분야에서 95억 달러, 안전 및 생산성 솔루션 분야에서 64억 달러, 인프라 제어 분야에서 52억 달러의 매출을 거뒀다. 사업군별 매출 비율은 2018년, 2019년에도 유사했다.

전체 매출과 순익의 3년 연속 감소에 대해 허니웰은 전 세계적인 코로나 사태를 주원인으로 분석했다. 해외여행 감소와 그로 인한 경기 침체로 인해 우주항공, 인프라 제어, 특수소재 관련 품목의 판매가 줄었다는 것이다. 다만 PPE와 자동화 설비 등 안전 및 생산성 솔루션 분야 매출은 소폭 늘어났다.

허니웰의 메이저 고객 중 눈여겨볼 곳은 미국 정부다. 허니웰은 미 국방부를 비롯해 여러 기관을 고객으로 두고 있는데 이들로부터 발생하는 매출이 매년 늘고 있다. 2018년 34억 달러, 2019년 40억 달러, 2020년 42억 달러로 순증했다. 특히 미 국방부가 허니웰로부터 사들이는 우주항공 부품과 솔루션들이 매출의 상당 부분을 차지해 2018년 28억 달러, 2019년 34억 달러, 2020년 36억 달러 규모로 증가했다.

허니웰은 물론 미국 내 매출이 높으나 다국적 기업답게 다른 나라에서 생산되는 기기와 서비스의 매출 비중이 높다. 가령 2020년 인프라 제어 부문의 매출 중 65%, 특수소재 부문 중 58%는 유럽과 아시아 지역에 위치한 허니웰 생산시설이 기여한 바가 크다. 반면 우주항공과 안전 생산성 솔루션 부문 매출은 주로 미국 내 생산시설에 각각 85%, 63%씩 발생했다. 구조가 이렇다보니 허니웰의 매출은 미 국방부와 항공사들의 구매 계획, 환율 변동, 허니웰 생산시설이 위치한 각 국가들의 로컬 이슈에 큰 영향을 받는 편이다.

핵심 인물은?

허니웰이라는 사명은 1906년 '허니웰 히팅 전문 기업(Honeywell Heating Specialty Company)'을 처음 세운 마크 찰스 허니웰Mark Charles Honeywell로부터 유래한다. 당시 이 회사는 인디애나주의 워배시 지역에 본사를 두고 온수를 활용한 가정용 난방기, 온도 조절기 등을 만들었다. 마크 허니웰은 1933년까지 CEO로 회사를 이끌며 허니웰의 초창기를 다졌다.

현재 허니웰을 이끄는 인물은 다리우스 아담칙Darius Adamczyk이다. 그는 하버드대학교에서 MBA, 미시간주립대학교에서 전기전자를 전공했다. 2017년부터 CEO로 재직 중인데 2008년 그가 이끌던 메트롤로직Metrologic이라는 회사가 인수합병돼 허니웰의 구성원이 됐다. 다리우스는 CEO가 되기 전 스캐닝 및 모빌리티 사업을 4년간 지휘하며 사업 규모를 두 배로 키웠고, 프로세스 솔루션 부문을 흑자 전환하는 등의 실적을 냈다.

허니웰의 CEO 다리우스 아담칙

© rtx.com

우주항공 전문기업인 '레이톤 테크놀로지스'

어떤 회사들과 경쟁하나?

허니웰은 다채로운 사업 분야만큼 경쟁사도 다양하다. 우주항공 분야
의 주요 경쟁사는 GPS 장비로 유명한 가민Garmin, 미국 대표 방위 산업
체 레이톤 테크놀로지스Raytheon Technologies Corporation, 프랑스 항공기 제
작사 사프란Safran 등이 있다.

우주항공 분야의 복잡성과 최첨단 기술의 중요성으로 인해 경쟁사들
과의 관계도 복합적이다. 가민은 일반 소비자들을 위한 웨어러블 디바이
스뿐 아니라 항공기 대시보드 등 GPS 기술 기반의 다양한 제품을 만드
는 반면, 허니웰은 우주항공 분야용 GPS 기기 제작에 집중한다. 레이톤
테크놀로지스와 사프란은 우주항공 전문기업이라는 점에서 허니웰과 차
이를 보인다.

인프라 제어 분야에서는 지멘스Siemens, 슈나이더 일렉트릭Schneider Electric, 존슨 콘트롤스Johnson Controls, 캐리어 글로벌Carrier Global 등과 경쟁하고 있다. 에너지 효율을 높이는 다양한 인프라 제품과 시스템을 개발한다는 점에서 이들 경쟁사들과 허니웰의 공통점을 찾을 수 있다.

특수소재 분야 경쟁사들로는 듀퐁Dupont, 전기차 리튬 관련주로 주목받고 있는 알버말Albemarle, 스위스의 로봇 및 자동화 기업 아브ABB, 독일 화학 기업 바스프BASF, 프랑스 화학 기업 아케마Arkema 등이 있다. 화학과 관련한 원천 기술이 중요한 특수소재 분야에서 이 분야 경쟁사들은 허니웰과의 직접 혹은 간접적인 경쟁 관계를 유지하고 있다.

안전 및 생산성 솔루션 분야에서는 3M, 독일 기온 그룹Kion Group, 지브라 테크놀러지스, MSA 세이프티MSA Safety 등의 경쟁사를 두고 있다. 3M과 허니웰은 안전 분야에서 상당한 경쟁을 이어오고 있으며 기온 그룹과 지브라와는 공장 효율성을 높이기 위한 로봇, 운반 장비 등 물류 관리용 기기와 소프트웨어 시장을 놓고 경쟁하는 관계다.

지금 '허니웰'을
주목해야 하는 이유

단기적 관점에서 허니웰 주가를 분석하는 최근 리포트들이나 기사들은 대부분 '팬데믹 사태'와 '인플레이션'이 허니웰의 매출 확장을 막고 있다고 꼽는다. 팬데믹 사태로 인한 여파는 다른 기업들과 비슷한 모양새다. 해외여행이 줄어들면서 항공기 제작, 관리, 업그레이드 수요가 순차적으로 감소한 것이다. 인프라 제어도 마찬가지다. 상업용 건물에 대한 새로운 수요가 있어야 매출이 발생하는데 그렇지 못한 상황이다. 인플레이션은 원자재 가격 상승을 불러와 허니웰 주요 사업 부문에 비용 부담으로 작용하고 있다.

반면 긍정적인 시그널도 있다. 팬데믹 사태로 인해 기업들이 자동화와 안전 솔루션에 대한 투자를 늘리고 있다는 점이다. 팬데믹 상황이 위기이자 기회로 작용하는 셈이다. 온라인 커머스와 사물인터넷 시장의 성장으로 물류센터를 고도화하고 데이터센터 설립이 늘어나는 경향도 인프라 제어 솔루션을 제공하는 허니웰에게는 긍정적인 상황이다. 미국 정부가 안보 강화를 위해 매년 지출을 늘리고 있는 점도 허니웰에게는 안정적인 매출 포인트다.

2018년부터 허니웰 내부에서 양자 컴퓨팅 개발을 담당하던 허니웰 퀀텀 솔루션Honeywell Quantum Solutions은 허니웰에서 분사 후 지난 2021년 12월 영국 캠브릿지 퀀텀 컴퓨팅Cambridge Quantum Computing과 합병해 '퀀티넘 Quantinuum'이라는 새로운 회사를 만들었다. 아직 기업 공개 전인 만큼 향후 퀀티넘이 단독 회사로써 어떤 경쟁력을 보여줄지, 모기업인 허니웰과는 어떤 시너지를 만들어낼지도 관심 있게 지켜볼 필요가 있다.

텍사스 인스트루먼트
Texas Instruments

────────────── 핵심 요약 ──────────────

● 텍사스 인스트루먼트는 반도체 및 전자제품 등을 제조, 생산, 판매하는 기업이
  다. 특히 DLP(Digital Light Processing)칩 분야와 아날로그 반도체 분야에서 글로
  벌 1위 자리를 지키고 있다.

● 텍사스 인스트루먼트는 최근 몇 년 동안 자동차 부문에 가장 많은 투자를 하고
  있는데, 작년부터 지속되고 있는 차량용 반도체 부족 사태를 맞아 특히 더 높은
  경쟁력을 보이고 있다.

● 코로나 위기 상황에도 꾸준한 성장을 보이고 있으며, 300밀리미터 마이크로칩
  공장 건설과 생산설비 확충 등의 투자를 하며 더 많은 양의 반도체를 안정적이
  고 효율적으로 생산할 수 있도록 노력함으로써 긍정적인 기대감을 끌어모으는
  기업이다.

한눈에 살펴보기

회사명	Texas Instruments Incorporated
설립연도	1951년
본사	미국 텍사스 댈러스
홈페이지	www.ti.com
상장일	1953년 10월 1일
심볼	TXN
거래소	NYSE
분야	Technology
업종	Semiconductors

어떤 사업을 하는가?

1. 아날로그 및 임베디드 반도체

텍사스 인스트루먼트Texas Instrument의 가장 중요한 사업 중 하나는 아날로그analog 반도체를 생산하는 것이다. 이는 텍사스 인스트루먼트가 생산하는 반도체의 과반수를 차지하는데, 학교에서 학생들이 쓰는 계산기에서부터 자동차에 이르기까지 굉장히 다양한 분야의 기업들에 반도체를 공급하고 있다.

최근에는 무선 연결을 위한 블루투스, 와이파이 그리고 넓은 야외 공간에서도 전자 네트워크를 구축할 수 있는 Wi-SUN(Wireless Smart Ubiquitous Network)을 효과적으로 실행시키는 데 활용되는 반도체도 생산 중이다. 다른 기업들의 200밀리미터 마이크로칩에 비해, 텍사스 인스트루먼트는 역사상 최초로 300밀리미터 마이크로칩 생산이 가능한 설비를 갖추었는데, 이는 200밀리미터 마이크로칩에 비해 2~3배에 달하는 양의 집적회로를 구성할 수

텍사스 인스트루먼트의 아날로그 반도체 제품

있으며 다른 칩 대비 40%나 비용이 적게 들어 가성비 또한 뛰어난 만큼 텍사스 인스트루먼트의 성장에 큰 기여를 할 것으로 보고 있다.

텍사스 인스트루먼트는 자신들의 제품을 크게 아날로그 반도체와 임베디드embedded 칩, 2개의 그룹으로 나누어 운영하고 있다. 여기서 '아날로그'란 배터리 관리 솔루션, 교류 직류 및 격리된 제어기 및 변환기, 전원 스위치, 선형 조절기, 전압 관리기, 전압 기준 및 조명 제품을 사용해 다양한 수준의 전력을 관리할 수 있는 전자제품 등을 의미한다.

또 '임베디드'란 어떤 기계 안에 제어를 목적으로 하는 초소형 컴퓨터가 내장되어 있는 시스템을 의미하는데, 앞에서 언급한 무선 연결, 소프트웨어 프로세싱으로 도와주는 리눅스Linux와 에네르기아Energia 같은 프로그램이 더 원활하게 실행될 수 있도록 하는 센서 태그SensorTag나 부스터팩BoosterPack 등을 제공한다.

2. 산업용 제품

소비자 시장 기준으로 볼 때, 텍사스 인스트루먼트의 2020년 매출 중 가장 큰 부분을 차지하는 부문은 산업용 제품들이었는데, 여기에는 에너지를 효율적으로 관리하도록 해주는 스마트 모터, 로봇 조립을 보

다 자율적으로 실행하기 위한 감지 기술 등이 포함되며, 전체 매출의 약 37%에 달할 만큼 중요한 비중을 차지하고 있다. 이외에도 우주 인공위성에 들어가는 센서나 레이더, 그리고 군사용으로 사용되는 라디오, 정확한 위치를 탐지해 주는 내비게이션 탐지기 등이 모두 이 부문에 포함된다.

3. 자동차 반도체

텍사스 인스트루먼트는 자동차 시장에도 굉장히 많은 투자를 하고 있는데, 특히 5개의 세부 부문인, 인포테인먼트 및 클러스터(Infotainment & cluster), 첨단 운전자 보조 시스템(Advanced driver assistance systems), 하이브리드 및 전기 동력 시스템(Hybrid, electric & powertrain systems), 수동적 안전시스템(Passive safety), 그리고 바디 및 조명(Body electronics & lighting) 등이 있다. 오늘날 자동차 안에는 수많은 반도체가 들어가는데 텍사스 인스트루먼트는 차량용 반도체를 전 세계에서 가장 많이 공급하는 업체 중 하나이다.

텍사스 인스트루먼트의 2020년 부문별 매출

2020 revenue by end market

- ~37% Industrial
- ~20% Automotive
- ~27% Personal electronics
- ~8% Communications equipment
- ~6% Enterprise systems
- ~2% Other

핵심 인물은?

　텍사스 인스트루먼트는 지난 1951년 세실 그린Cecil H. Green, 유진 맥더모트Eugene McDermott, 패트릭 해저티Patrick Haggerty가 공동으로 설립한 반도체 제조 기업이다. 현재 텍사스 인스트루먼트의 CEO 리치 템플턴Rich Templeton은 2000년 4월부터 2004년 4월까지 최고운영책임자(COO)를 역임하다 2004년 5월에 사장 겸 CEO가 되었다. 또한 그는 2003년 7월부터 이사회 임원으로서 활동하고 있으며 2008년 4월에는 이사회 의장이 되었다.

텍사스 인트루먼트의 CEO 리치 템플턴

　그보다 더 앞선 1996년 6월부터 2004년 4월까지 이 회사의 전무이사이자 반도체 사업부 사장을 역임했다. 그는 신호 프로세싱(signal processing)을 위한 반도체에 초점을 맞춘 텍사스 인스트루먼트의 사업 계획을 분명히 하고 실행하는 데 큰 공을 세운 공로를 인정받고 있다.

　현재 그는 수장으로서, 아날로그 및 임베디드 프로세싱이라는 텍사스 인스트루먼트의 핵심사업의 성장 기회에 투자를 집중하는 동시에 회사를 꾸준히 개편하고 있다. 그가 최근 내린 결정에는 내셔널 세미컨덕터National Semiconductor의 인수와 무선 사업부의

RFAB 프로젝트를 통해 설립된 텍사스 인스트루먼트의 리처드슨 생산시설

조직개편이 포함되는데, 이것은 조직 내 자원들을 장기적으로 수익을 낼
수 있는 핵심사업 영역에 더욱 집중할 수 있게 만들었다고 평가받는다.
이로 인해 텍사스 인스트루먼트는 임베디드 시스템과 디지털 신호 프로
세싱 분야에서 회사의 강점을 유지하는 동시에 아날로그 직접회로 분야
에서도 글로벌 리더로 자리매김할 수 있었다.

어떤 회사들과 경쟁하나?

텍사스 인스트루먼트의 경쟁자들은 기본적으로 반도체 또는 전자제
품을 만드는 회사들인데, 매출액 기준으로 이 분야에서 현재 선두주자
자리를 두고 삼성전자와 인텔이 다투는 형국이다.
이 중 인텔의 경우, 오랜 기간 동안 마이크로소프트Microsoft, 애플
Apple, 레노버Lenovo 등 거의 모든 컴퓨터 안에 인텔 칩이 들어갈 만큼 독

점적인 지위를 유지했었다. 하지만 최근 애플이 자신들만의 M1 실리콘 칩을 개발하는 데 성공하고 다른 기업들 역시 자체적인 칩 개발로 방향을 선회하면서 점유율을 잃어가는 중이다.

또 다른 경쟁사로는 브로드컴Broadcom이 있는데, 이 회사는 최근에 인공지능 네트워크 모니터링에 실리콘을 접목시키는 프로젝트를 성공시키는 등 굉장히 진보적인 행보를 보이고 있다. 또한 퀄컴Qualcomm은 1만 2,000개가 넘는 특허를 바탕으로 오랜 기간 동안 높은 점유율을 보였으나 최근 6~7년 동안 시장 점유율이 빠르게 위축되고 있다. 물론 현재 기준으로는 텍사스 인스트루먼트보다 높지만, 텍사스 인스트루먼트의 꾸준한 상승세와 퀄컴의 하락세를 볼 때 빠른 시간 안에 지위의 변화가 예상되고 있다.

지금 '텍사스 인스트루먼트'를 주목해야 하는 이유

코로나 사태가 확산되기 시작한 지난 2020년 초부터 현재까지 약 2년 동안 다른 기업들에 비해 텍사스 인스트루먼트는 오히려 빠른 성장세를 보이고 있다. 2020년 초 저점 대비 주가는 약 70% 이상 상승했으며 머신러닝의 자율화 등 다양한 분야로 사업 확장을 통해 지속적으로 성장 중이다. CEO인 리치 템플턴은 혁신적인 시도를 추구하면서도 과도하거나 무리한 사업 확장은 지양함으로써 안정적인 기업 운영과 꾸준한 상승세를 자신하고 있다.

코로나 확산 직전인 지난 2020년 2월 주당 132달러 수준이던 텍사스 인스트루먼트의 주가는 같은 해 3월에는 100달러 이하까지 추락하는 힘든 시기를 보냈으나, 이후 꾸준히 주가를 회복했다. 실제로 텍사스 인스트루먼트의 주가는 2021년 9월, 주당 200달러를 돌파하며 코로나 이전 주가를 회복함은 물론 신고가를 기록하는 위엄을 보여주었다. 이후 다시 주식시장 상황의 악화로 인해 2022년 3월 중순 주당 160달러 중반까지 하락했다가 다시 반등하며 180달러 선을 회복하는 모습을 보여주고 있다.

〈CNN 비즈니스 주식전망 보고서〉에 따르면, 총 31명의 주식 애널리스트 중 1명이 강력매수(outperform) 의견, 11명이 매수(buy) 의견, 그리고 15명이 중립(hold) 의견을 나타냈다. 반면, 매도(sell) 의견도 4명이 있었다. 또한, 24명의 애널리스트의 분석의견에 따르면 텍사스 인스트루먼트의 주가 목표치는 중간값이 199달러, 가장 높은 예상치가 약 240달러, 가장 낮은 예상치가 150달러 수준으로 나타났다. 중간값 기준으로 볼 때 현재 주가 대비 약 10% 이상 높은 수치로 추가적인 상승 여력이 있을 것으로 보고 있다.

최근 몇 년간 예산의 가장 큰 부문이 연구개발(R&D)에 투자될 정도로 미래에 대한 투자는 확실하게 진행하는 기업이다. 텍사스 인스트루먼트의 비즈니스 모델은 정교한 생산 기술, 광범위한 제품 포트폴리오, 시장의 다양화, 지속가능성 등 네 가지 부분에서 확실한 경쟁 우위를 중심으로 구축되어 있다. 텍사스 인스트루먼트는 작년 4월 북미 키몬다Qimonda와 드레스덴 키몬다(키몬다는 파산보호 신청을 한 2009년부터 공장을 폐쇄해 갔다)를 통해 100개 이상의 생산설비를 새롭게 구매하면서 아날로그 생산능력을 더욱 확대하고 있다고 밝혔다. 'RFAB'로 불리는 이 대규모 프로젝트는 북부 텍사스 시설의 아날로그 생산량을 2배로 늘리면서 약 20억 달러(약 2조 4,000억 원)의 추가 매출을 올릴 것으로 기대하고 있다.

또한 이 프로젝트의 흥미로운 점은 시설을 만드는 과정에서 친환경적인 기술을 여러 곳에 도입했다는 점인데, 근처 호수를 보호하기 위해 재활용 물질로 제작한 울타리를 설치하고, 오염을 방지하기 위해 전자펌프를 사용해 충분한 공기를 공급해주는 시스템을 갖추는 등 친환경 기업으로서의 이미지를 구축하기 위해 노력하고 있다.

텍사스 인스트루먼트의 미래를 예상할 때 가장 고무적인 부분은 지속적으로 빠르게 성장 중인 기업이라는 점이다. 아날로그 반도체 시장에서의 독보적인 지위로 매출구조가 탄탄한 데다 앞서 언급한 새로운 프로젝트와 다양한 분야로의 사업 확장 등으로 기업 가치를 높이기 위해 노력하고 있다. 특히 산업용 및 자동차 반도체 부문에 대한 투자가 꾸준히 이루어지고 있는 만큼 앞으로의 성장이 더욱 기대되는 기업이다.

AMD

AMD

핵심 요약

- 1969년 설립된 AMD는 인텔에 이어 두 번째로 큰 아키텍처 호환 프로세서 제조사 및 플래시 메모리 분야의 주도적인 회사이다.

- 컴퓨터 반도체인 CPU, GPU, FPGA를 디자인하는 기업으로 설계대로 작동하는 주문형과 달리 설치 후 설계 변경, 업그레이드가 가능해 높은 가격의 반도체를 새로 구입하지 않아도 돼 가격 경쟁력이 있다.

- 인공지능 연산과 데이터센터, 통신, 방위산업 등 다양한 분야에서 더욱 활용도가 높아질 것으로 예상된다.

한눈에 살펴보기

회사명	Advanced Micro Devices, Inc.	
설립연도	1969년	
본사	미국 캘리포니아 샌타클래라	
홈페이지	www.amd.com	
상장일	1972년 9월 27일	
심볼	AMD	
거래소	NASDAQ	
분야	Technology	
업종	Semiconductors	

어떤 사업을 하는가?

AMD는 미국의 반도체 제조회사로 컴퓨터 CPU 분야에서는 인텔의 유일한 경쟁사로 알려져 있으며, GPU 분야에서는 엔비디아NVIDIA와 경쟁하고 있다. AMD라는 브랜드의 프리미엄과 품질보다는 가성비 제품의 이미지가 강했지만 CEO인 리사 수Lisa T. Su가 경영을 맡은 후에는 이러한 부정적인 이미지를 지워냈다. 또한 연구개발 부서 복원에 집중하고 인재 영입에 공을 들이면서 AMD의 경쟁력을 끌어 올린 결과 최근에는 가격뿐만 아니라 품질도 인텔Intel과 엔비디아보다 높은 평가를 받고 있다.

AMD의 주력 제품은 컴퓨터, 노트북, 데이터센터용 중앙처리장치인 CPU(Central Processing Unit), 그래픽처리장치인 GPU(Graphics Processing

Unit), 필드 프로그래머블 게이트 어레이(FPGA, Field Programmable Gate Array), 가속처리장치(APU, Accelerated Processing Unit)가 있으며 주력 제품 및 사업은 다음과 같다.

1. CPU 제품생산

AMD는 1982년 2월 인텔과 계약을 체결해 8086 및 8088 프로세서 제조 라이센스를 획득했다. 이후 제품 세부 기술 정보 협력에 대한 인텔과의 10여 년의 법적 분쟁 이후 1991년 Intel386 프로세서를 클린룸 설계 버전(리버스 엔지니어링이라고도 하며 디자인을 복사한 후 원본 디자인과 관련된 저작권을 침해하지 않고 재생산하는 방식)으로 AM386을 출시하고 100만 대 판매수익을 올렸다. 이후 컴팩Compaq Computer Corporation을 비롯한 많은 OEM 제조사에 판매하며 AM5x86을 출시하는 등 빠르고 효율적인 프로세서를 생산하고 있다.

AMD의 CPU 라이젠

2. GPU 그래픽 제품생산

2006년 AMD는 1985년부터 OEM 그래픽카드를 제조 및 공급해오던 ATI를 인수했다. 초창기 ATI는 CPU 없이 그래픽 처리 가능한 제품을 출시했고 이후 하드웨어 기반의 비디오 가속제품 및 TV에 컴퓨터 그래픽을 표시할 수 있는 최초의 칩을 생산했다. 그래픽처리장치의 기술은 모바일 컴퓨팅 분야에도 진출하는 등 다양한 수준의 기능과 성능으로 구성된 기업이다. 2000년에는 마이크로소프트와 엑스박스360 그래픽 코어 설계 계약을 하며 소비자 디지털 TV 시장에서 주도권을 강화해 왔다.

2006년 AMD에 56억 달러 규모로 인수되며 AMD의 GPG(Graphics Product Group) 일부가 되었고 그래픽 칩셋의 제품디자인 및 마케팅 확장을 해오고 있다. 2020년 엔비디아 RTX 그래픽 제품과 경쟁할 목적으로 2세대 RDNA 그래픽 아키텍처를 개발했고, GPU 기반의 가장 사실적인 레이트레이싱 그래픽과 첨단 AI 기능을 제공하는 것을 목표로 하고 있다.

3. FPGA

미리 설계한대로만 작동하는 주문형 반도체 ASIC와 달리 FPGA는 설치 후 필요에 따라 설계를 바꿀 수 있어 활용도가 높으며 새로 구매하지 않고도 업그레이드만으로 사용이 가능해 인공지능 연산, 데이터센터, 통신, 방위산업 등 다양한 분야에 사용되고 있다. 2020년 데이터센터용 칩 부문화를 위해 자일링스Xilinx를 인수해 용도에 따라 회로를 바꿀 수 있는 반도체 GPGA를 주력 제품으로 시장의 절반을 점유하고 있다.

4. APU

APU는 AMD가 개발, 판매 중인 마이크로프로세서 자사 브랜드의 마케팅 용어로 CPU와 GPU를 합쳐 융합적 성능을 내는 통합 프로세서이다. 2011년 라노 출시 이후 제품 라인업을 통합, 재구축해 2017년 라이젠 모바일을 출시한 이후 2021년 출시된 5,600, 5,700기가바이트는 각 250달러, 359달러로 저전력 CPU에 최상 그래픽 옵션이 가능한 제품이다.

5. 설계부문(팹리스)

초기 직접 반도체 생산공장(Fab, 팹)을 운영했으나, 팹 공장 하나를 건설하는데 10조 원 이상의 자본이 투입되는 기술, 자본집약적 산업의 부담으로 설계만 하고 생산은 위탁하는 팹리스Fabless로 변모했다. 2008년 팹 부문은 아부다비 왕가와 합작법인으로 자회사 글로벌파운드리 GlobalFoundries를 설립해 생산을 TSMC에 위탁하고 칩과 관련된 소프트웨어의 개발 및 연구에만 집중하고 있다. 자체 팹에서 칩을 생산하는 인텔의 CPU가 TSMC의 규모의 경제에 밀려 현재 최신 팹이 10나노 공정인데 비해 AMD는 TSMC 최신기술을 이용해 7나노 CPU 출시 이후에도 5나노, 3나노로 계속 내려가 기술 경쟁력에서 앞서고 있다.

핵심 인물은?

현재 AMD를 이끌고 있는 주인공은 대만계 미국 기업인 리사 수이다. 리사 수는 CEO로 재직하기 전에는 AMD 사업부, 판매, 글로벌 운영 및 인프라 활성화 팀을 이끌었고 모든 제품의 전략 및 집행과 단일 시장 중심의 조직으로 통합하는 업무를 담당하는 최고운영책임자(COO)를 역임한 바 있다.

AMD의 CEO 리사 수

수 박사는 2012년에 글로벌사업 부문의 수석 부사장 겸 총괄책임자로 AMD에 합류했고 AMD 제품 및 솔루션의 엔드 투 엔드 방식(응용 프로그램, 소프트웨어 및 시스템 제공 업체가 고객의 하드웨어 요구 사항뿐만 아니라 필요한 모든 소프트웨어를 제공해 다른 공급 업체의 개입없이 통합 제공하는 서비스) 비즈니스 실행을 이끄는 역할을 수행했다. PC용 CPU와 GPU를 설계, 생산하는 기업이지만 비디오게임기 시장을 향한 시장 다각화 전략을 통해 반등의 기회를 찾을 수 있었다.

마이크로소프트와 소니의 차세대 비디오게임에 AMD 제품을 공급했는데, CPU와 GPU가 원칩화되어 소형 비디오게임기에는 최상의 제품이었으며 마이크로소프트의 플레이스테이션4, 소니의 엑스박스 원에도 탑재함으로써 5분기 만에 적자에서 흑자로 전환을 성공시킨 주요 인물이다.

어떤 회사들과 경쟁하나?

CPU의 양대 산맥인 인텔과 AMD가 2022년 노트북 시장에서 다시 맞붙었다. 급성장하는 노트북·모바일 IT 기기 시장을 공략할 CPU 제품을 국제전자제품박람회(CES) 2022에서 동시에 공개함으로써 기존 데스크톱 PC와 서버용 시장에서 승부를 펼쳤던 양사가 전선을 확장한 것이다. 인텔과 AMD는 GPU 시장에서도 치열한 경쟁을 예고했는데 외장형 GPU 시장 재진입에 성공한 인텔은 엔비디아와 AMD의 아성에 도전하고 있다.

또한 CEO 리사 수는 데이터센터 시장을 겨냥하고 있는데 데이터센터에 들어가는 서버용 칩은 인텔이 90% 이상 장악하고 있는 실정이다. AMD의 서버용 칩 '에픽EPYC'의 고객사로는 마이크로소프트와 구글, 메타를 확보했으며 최근 데이터센터에서는 인공지능을 통한 데이터 처리 성능이 중요시되면서 처리 속도에 경쟁이 집중되고 있다.

'인텔'의 CPU인 인텔 코어

지금 'AMD'를
주목해야 하는 이유

AMD는 게임에 중점을 둔 소비자부터 과중한 업무에 시달리는 비즈니스 사용자에 이르기까지 많은 컴퓨팅 시장에 부응하는 멋진 제품들을 개발해 제공하고 있다. 고성능의 32코어 CPU, 8채널 메모리 및 SoC당 128레인의 PCIe® Gen3에 이르는 AMD의 새로운 서버 프로세서인 에픽 도입부터, 최대 16코어 및 32스레드의 세계에서 가장 강력한 울트라-프리미엄 데스크톱 시스템을 목표로 한 라이젠 스레드리퍼Ryzen Threadripper 출시에 이르기까지 AMD는 첨단 기술을 선도하고 있다.

리사 수 CEO는 "지난 2년 동안 PC 출하량은 3억 5,000만 대 수준으로 놀라운 성장을 기록했다"면서 "PC 시장 내 모든 부문에서 고성능 컴퓨팅의 한계를 뛰어넘는 30개 이상의 새로운 프로세서를 출시하게 되어 기쁘다. 새롭게 선보일 AMD 라이젠 프로세서와 라데온 그래픽 카드로 주요 제품군을 더욱 확장하고, 게이머들에게 더욱 향상된 성능과 기능, 차별화된 경험을 선사할 계획"이라며 "2022년은 PC 산업과 AMD에 있어 중요한 한 해가 될 것"이라고 말했다.

글로벌 인공지능 칩이라는 새로운 연구시장은 현재 다양한 구성요소에 초점을 맞춰 신제품 출시, 인수합병, 연구개발, 합작 투자, 협력, 계약 파트너십, 지역 및 글로벌 규모의 성장 등을 통해 그 사업 규모를 가속화하고 있다. 인공지능 칩의 발전은 코로나 장기화로 인해 글로벌 수요가 불확실한 시기였으나 현재 해당 산업 분야의 플레이어들은 장기적인 전략 수립에 진입해 고객을 유지하고 선두 시장으로 글로벌 점유율을 확대하기 위해 다양한 전술을 펼치고 있다.

삼성전자 역시 최근 미국의 그래픽 반도체 기업 엔비디아와 영국의 반도체 설계회사 ARM의 합병이 무산됨에 따라 대형 M&A 장벽을 넘지 못하고 있다. 삼성전자는 해외 각 국가에서 자국의 첨단산업 보호와 육성을 내세워 경쟁 당국의 기업 결합 심사를 까다롭게 하는 등 삼성의 선택지는 점차 좁아질 거란 전망도 적지 않다.

글로벌 M&A에 제동이 걸리는 사례가 늘어나는 현 시점에, AMD는 대표적인 글로벌 반도체 제조사로 CPU와, APU, GPU 등의 제품을 지속 생산하며 플래시 메모리 분야에서 여전히 그 우위를 지키고 있다.

AMD는 자일링스 인수 과정에서 미국과 중국의 규제 당국으로부터 인수 승인 절차를 통과하는 등 반도체 업계 사상 최대 규모의 인수거래를 490억 달러(약 62조 580억 원)에 마감했다. 자일링스의 임베디드 산업, 자동차, 데이터센터, 인공지능, 유무선 네트워킹, 항공우주, 비디오 방송, 스트리밍 등에 적응 가능한 기술과 솔루션을 AMD의 칩 유형과 결합해 새로운 시장으로 확장하겠다는 목표를 가지고 있다. 차별화된 기술과 가속화되는 고효율 컴퓨팅 솔루션에 대한 수요 증가는 AMD의 새로운 컴퓨팅 시대를 열어주는 기회의 문이 열리게 되는 셈이다.

이리듐 커뮤니케이션스

Iridium Communications

핵심 요약

- 이리듐 위성 계획은 과거 모토로라에서 주도한 위성전화용 인공위성 통신망으로, 1999년 컨소시엄이 파산한 이후 2001년 이리듐 커뮤니케이션스로 다시 사업을 시작했다.

- 인공위성을 활용한 통신은 일반 4G, 5G 네트워크보다 고가의 서비스지만, 극점에서도 서비스가 가능할 정도로 넓은 커버리지가 장점이다.

- 매출이 크게 증가하지는 않지만, 매년 사용자 수가 꾸준히 증가하고 있으며 적자 폭을 계속 줄여 빠르게 손익분기점에 도달할 것으로 예상된다.

한눈에 살펴보기

회사명	Iridium Communications Inc.	
설립연도	2001년	
본사	미국 버지니아 매클레인	
홈페이지	www.iridium.com	
상장일	2008년 2월 1일	
심볼	IRDM	
거래소	NASDAQ	
분야	Communication Services	
업종	Telecom Services	

어떤 사업을 하는가?

이리듐 프로젝트는 모토로라Motorola에서 진행한 인공위성 통신망으로 1998년 11월 첫 통화를 시작했다. 이리듐의 원자번호인 77과 동일한 77개의 인공위성을 통해 지구 전역을 커버하는 통신 네트워크를 구축하는 프로젝트였다. 그러나 사업 개시 후 불과 9개월 만에 파산신청을 했다. 수십억 달러에 이르는 막대한 초기 자본이 필요했지만, 고가의 사용료 탓에 사용자를 모으는 데 실패했기 때문이다. 또한 당시 기술력으로는 전화기가 크고 무거웠고 실내에서는 통신이 제대로 연결되지 않는 등 기술적 불완전성을 보이며 이동통신 기기로의 가치를 지니지 못했다.

결국 파산신청 이후 2001년 개인 투자자 그룹이 인수하면서 이리듐 서비스가 다시 시작되었다. 2007년부터 기존에 쏘아올린 위성을 새로운 위성으로 대체하는 계획을 발표하고, 10년 후인 2017년부터 새로운 인공위성인 이리듐 넥스트Iridium-NEXT를 발사하기 시작했다.

2019년까지 2년간 기존 위성을 대체하기 위해 새로운 위성을 발사해 왔으며, 기존 66개 위성을 대체하는 위성과 백업 역할의 9개 위성 등 총 75개의 위성이 현재 지구 궤도를 돌고 있다.

1. 이동통신 네트워크

이리듐 위성은 지구에서 약 780km 떨어진 고도의 6개 궤도면에 각각 11개의 위성, 총 66개가 배치되어 있다. 9개의 예비 위성은 위성이 고장 났을 때 해당 궤도로 이동해 네트워크 복구 작업을 진행한다. 기본적으로 위성 한 대가 다른 네 대와 상호 연결해 지구 전역을 커버할 수 있는 시스템이다.

이리듐의 인공위성 '이리듐-넥스트'의 모습

인공위성으로 지구 전역을 연결하는 이리듐 커뮤니케이션스Iridium Communications(이하 이리듐)의 서비스는 일반적인 이동통신 네트워크와 다르게 바다 한가운데, 혹은 남극과 북극과 같은 극지점에서도 통신이 가능하다. 따라서 도심지보다는 산간, 바다와 같은 영역을 주요 대상으로 사업을 펼치고 있다.

이리듐의 사업 영역은 바다를 중심으로 항공, 지상 등 지구 전 지역에 걸친 산업군이다. 대부분의 원양어선이나 장거리 운항을 하는 선박들은 이리듐 네트워크를 갖추고 있다. 날씨에 영향을 크게 받지 않아 다양한 바다 환경에서도 육지와의 안정적 통신이 가능하기 때문이다.

바다 외에도 산간 지역을 비롯한 통신 환경이 열악한 지역에서도 탐사나 구조용으로 사용되며, 항공 분야에서는 비행기를 이리듐 네트워크에 연결해 통신과 위치 확인 등의 목적에 활용한다. 최근에는 자율주행 분야에도 적용하고 있어 자율주행차, 드론과 같은 차세대 이동수단의 네트워크로 확장하고 있다. 이리듐 서비스는 정부기관과 군사용으로도 사용되는데 특히 이리듐 네트워크 매출 실적의 상당 부분이 정부기관에서 나오고 미 정부와도 긴밀하게 협업하고 있다.

이리듐의 대표 서비스인 위성전화는 기본적인 음성전화 서비스로, 일반적인 이동통신 전화, 해외 로밍 전화에 비해 상대적으로 가격이 높다. 음성전화 외에 브로드밴드Broadband 서비스를 통해 비디오 스트리밍, 사진과 영상 전송 등이 가능하고, SBD(Short Burst Data)라는 사물인터넷을 위한 소용량 데이터 전송 내로우밴드Narrowband(협대역) 서비스 등도 제공한다. 아마존웹서비스와 손잡고 클라우드커넥트 서비스를 제공하기도 하는데, 클라우드 환경 기반의 SBD 데이터 전송 및 관리 서비스를 제공하고 있다.

이리듐 인공위성 시스템 개요

이리듐의 매출은 크게 일반 기업용과 정부 기관용으로 구분한다. 2020년 전체 매출은 약 1억 4,650만 달러(약 1,842억 2,000만 원)였다. 장비 구독요금과 기술적인 유지보수를 통해서도 매출을 올리지만, 2020년 기준 매출의 약 62%는 일반 기업용에서 발생했다. 연평균 10%의 매출 상승을 기록하고 있는데 2020년에는 약 5% 상승했다. 매출 상승 폭은 감소했지만, 서비스를 사용하는 정기결제 사용자(Subscriber)는 크게 늘어났다.

2017년 약 96만 명이던 사용자는 2019년 130만 명, 2020년에는 147만 명으로 매년 14% 이상의 증가 폭을 보이고 있다. 주목할 만한 부분은 사용자 중 90%가 일반 기업이고 10%는 정부 기관이라는 점이다. 일반 기업 사용자의 73%는 IoT(사물인터넷) 데이터 분야로, 점유율 2위인 음성 서비스의 분야가 26%인 데 비해 그 비중이 3배가량 크다. 특히 IoT 데이터 분야는 2019년에 비해 20% 성장했고 음성 서비스는 1%가 감소해 기업용 IoT 활용도가 크게 높아지고 있다는 점을 알 수 있다.

2020년까지 지속적으로 적자를 기록했던 이리듐은 2021년에도 적자를 기록할 것으로 보이지만, 꾸준히 손실을 축소시키고 있다. 2022년부터는 손익분기점에 도달해 흑자 전환이 가능할 거라는 투자기관의 예측이 이어지고 있다. 매출과 정기결제 사용자의 꾸준한 증가는 사업의 안정성을 보여주기 때문이다. 부채 비율 120% 선에서 기업 건전성을 유지할 수 있다면, 향후 IoT를 비롯한 데이터 전송과 기반 네트워크에 대한 수요가 증가할 것으로 예상되는 만큼, 흑자 전환 이후 성장 기조를 이어갈 수 있을 것으로 보인다.

핵심 인물은?

이리듐의 핵심 인물은 현재 CEO를 맡고 있는 맷 데쉬Matt Desch와 COO인 수지 맥브라이드Suzi McBride다. CEO 맷 데쉬는 이리듐의 전신인 홀딩스 시절부터 CEO로 재직했다. 1990년대부터 네트워크, 통신 분야에서만 일해 온 최고의 통신 전문가로 2009년 9월부터 이리듐의 CEO로 재직하며 회사를 이끌고 있다.

COO인 수지 맥브라이드는 이리듐 프로젝트가 시작된 1990년대 모토로라의 위성 통신 부문에서 엔지니어로 재직하며 인공위성 통신 기

이리듐의 CEO 맷 데쉬

술 관련 경력을 쌓았다. 이후 임원으로 재직하며 이리듐과 가장 오랜 시간을 보내고 있다. 2007년 공식적으로 이리듐에 합류하면서 새로운 사업 기회를 발굴하는 데 전념하고 있다. 최근 언론사와의 인터뷰에서 수지 맥브라이드는 사물인터넷을 언급하며 해당 시장에 더욱 집중할 것임을 시사했다.

어떤 회사들과 경쟁하나?

인공위성을 활용한 통신 시스템을 개발하고 서비스를 제공하는 회사로는 글로벌스타Globalstar, 인말새트INMARSAT, 스타링크STARLINK 등이 있다. 글로벌스타는 48개의 저궤도 위성을 통해 이동통신 서비스를 제공한다. 1991년에 설립된 오랜 역사를 지닌 기업이며, 국내 기업이 지분 투자를 한 바 있다. 한국에 위성을 관리하는 관리소가 설치되어 있고 한국어 서비스도 제공한다. 2021년에는 아이폰13에 인공위성이 탑재될 것이라는 루머 때문에 주가가 크게 오르기도 했다. 인말새트는 비영리 기구로 시작했지만, 현재는 인말새트 벤처Inmarsat venture에서 서비스를 운영한다. 다른 위성 서비스와 다르게 정지궤도 위성을 사용하는 만큼 지구 전역을 커버하지 못하고 극지방에서는 통신이 어렵다는 단점을 지녔다.

1990년대부터 사업을 이어온 글로벌스타, 인말새트와 다르게 최근 새롭게 떠오르는 경쟁자로 스타링크가 있다. 테슬라Tesla의 일론 머스크Elon Musk가 설립한 스타링크는 스페이스XSpaceX를 통해 위성을 발사하고 최대 1기가바이트 이상의 초고속 인터넷 서비스를 제공하겠다는 프로젝트를 추진 중인 기업이다. 무려 4만 2,000개가 넘는 위성을 여러 저궤도 위치에 발사해 빠른 통신과 넓은 커버리지를 확보하겠다는 계획이다. 현재 이동통신 서비스는 지원하지 않고 있어 직접적으로 이리듐과 경쟁한다고 볼 수는 없지만, 향후 항공기, 선박 등에 연계할 계획을 밝혔기 때문에 이리듐에게 가장 큰 위협으로 다가올 수 있다.

'스페이스X'에서 우주선을 발사하고 있다.

지금 '이리듐 커뮤니케이션스'를
주목해야 하는 이유

무선통신 시장 규모는 2020년 약 69조 원에서 2025년에는 약 141조 원 시장으로 성장할 것으로 전망하고 있다. 개인 이동통신보다는 기기 간 데이터 전송, IoT 분야와 스마트 홈, 스마트 시장 등 관련 산업의 성장이 근거로 꼽힌다.

이리듐 커뮤니케이션스는 현재 매출과 사용자가 꾸준히 증가하고 있으며, 차세대 위성을 쏘아 올리는 데 들었던 비용의 감가상각이 시간이 지나면서 점차 줄어들고 있다. 충분히 손익분기점을 넘겨 흑자 전환이 가능할 것으로 예상된다. 다른 경쟁업체에 비해 안정적으로 사업을 운영하고 있으며, 관련 시장 자체가 성장하고 있어 기업 자체의 성장 여력이 충분하다.

2022년 실적 예측에 따르면 지속적인 성장에 대한 기대가 보인다. 이리듐은 주당 12센트의 수익을 올릴 것으로 예상하며 이러한 수익은 지난해 같은 기간보다 약 271.4%의 성장을 의미한다. 2023년 수익에 대한 예측 역시 주당 30센트를 기록할 것으로 보여 올해 추정 실적보다 147.9% 증가할 것으로 예측된다.

여기에 더해 이리듐은 2022년 3월 7일 약 3억 달러에 달하는 자사주 매입 계획을 발표했다. 이리듐은 상당한 현금 흐름을 보유하고 있으며, 주주들에게 보답할 기회라고 밝혔다. 급격한 성장은 아니지만, 전반적으로 적자를 줄여가며 회사를 꾸준히 성장시키는 모습이 장기적인 관점에서는 안정적으로 보일 수 있다.

단순히 인공위성을 활용한 통신 네트워크를 제공하는 기업에 그친다면, 서비스 제공 시장이 한정적인 만큼 큰 성장을 기대하기 어렵다. 하지만, 이리듐은 항공우주 산업의 전반적인 성장과 궤를 함께한다. 최근 일론 머스크의 스페이스X, 스타링크, 제프 베조스의 블루 오리진Blue Origin 등 항공우주 산업에 대한 투자와 개발이 활발하게 이루어지고 있어 동반 성장 가능성이 어느 때보다 크다.

2022년 이후 정기결제 서비스 사용자 수의 증가를 통해 흑자 전환 여부와 사물인터넷 분야의 새로운 신사업 추진 여부를 주의 깊게 살펴보면 향후 10년 이리듐의 미래를 엿볼 수 있을 것이다.

05

사이먼 프로퍼티 그룹

Simon Property Group

--- 핵심 요약 ---

- 1960년 멜빈과 허버트 사이먼 형제가 미국 인디애나주에서 시작한 사이먼 프로퍼티 그룹은 현재 미국, 캐나다, 한국 등 7개 국가에서 쇼핑몰, 아울렛 등을 운영하는 부동산 개발 및 투자 회사이다.

- 작은 골목 상권과 플라자 리모델링을 통해 이름을 알렸으며, 아울렛이라는 소비의 공간 속에 유흥 및 여가 시설들을 함께 접목시키는 획기적인 시도를 통해 큰 성공을 거뒀다.

- 코로나 사태로 인해 지난 1년간 힘든 시기를 보냈지만, 파산 위기인 브랜드들을 인수해 리빌딩하는 등 다양한 시도를 통해 긍정적인 기대를 하게 만드는 기업이다.

회사명	Simon Property Group, Inc.
설립연도	1960년
본사	미국 인디애나 인디애나폴리스
홈페이지	www.simon.com
상장일	1993년 12월 17일
심볼	SPG
거래소	NYSE
분야	Real Estate
업종	REIT-Retail

어떤 사업을 하는가?

사이먼 프로퍼티 그룹Simon Property Group(이하 SPG)은 현재 미국 내에서 가장 큰 쇼핑몰 개발 및 투자 회사이다. 사업의 시작은 창업자 중 한 명인 멜빈 사이먼Melvin Simon이 부동산 중개업자로서 경력을 쌓던 중 아울렛과 쇼핑몰 시장의 엄청난 잠재력을 발견한 후 본격적으로 아울렛 개발업에 뛰어들며 시작된다. 처음에는 작은 쇼핑센터와 골목 상권들을 리모델링하면서 경험을 쌓으며 서서히 이름을 알리기 시작한다. 그 후 대규모 부동산 자산의 인수, 개발, 관리 및 임대 등을 통해 사업을 확장해 왔다.

미네소타주에 위치한 복합쇼핑몰 '몰 오브 아메리카'의 모습

1. 부동산 개발

다양한 의류 매장과 세계 각국의 다양한 음식점들, 유흥시설들을 입점시킴으로써 아울렛을 확장하는 것이 SPG의 대표적인 사업 방식이라할 수 있다. 가장 유명한 개발 프로젝트는 미네소타주 블루밍턴에 위치한 몰 오브 아메리카Mall of America인데, 그 면적이 무려 39만 제곱미터(약 11만 8,000평)에 이르는 쇼핑몰이다.

이 곳에는 블루밍데일Bloomingdale, 메이시스Macy's, 노드스트롬Nordstrom, 시어스Sears 등 대형 백화점들을 비롯해 500여 개의 브랜드가입점해 있다. 놀이공원, 18홀 골프장, 영화관, 나이트클럽과 수족관 등을한 곳에서 모두 즐길 수 있는 쇼핑, 문화, 레저가 융합된 복합 쇼핑몰을지향하고 있다.

SPG는 2020년 6월 기준, 미국 내에 194개(쇼핑몰 103개, 프리미엄 아울렛 69개, 라이프스타일 센터 4개, 기타 18개)의 부동산을 보유한 미국 최대 프리미엄 쇼핑몰 운영업체이다. 미국 외에도 아시아, 유럽, 캐나다 등에 약

31개의 프리미엄 아울렛과 디자이너 아울렛, 부동산을 소유하고 있으며, 유럽 15개국에 쇼핑센터를 소유하고 있는 부동산회사인 클리에피에르 SA Klepierre SA의 지분 22.4%를 보유하고 있다.

SPG 매출의 가장 큰 부분을 차지하는 것은 임대료인데, 2019년 자료에 따르면, 임대를 통해 총 매출의 약 91%에 달하는 52억 달러(약 6조 원)를 벌어들였으며, 나머지 매출은 배당금, 이자, 토지 매매차익, 주차비 등 관리비 그리고 기타 수익(2%)에서 발생했다.

2. 브랜드 운영

일반적으로 아울렛을 운영하는 기업이 그 공간에 입점해 있는 브랜드들을 직접 소유하고 있는 경우는 흔치 않지만 SPG에게는 꽤 자연스런

SPG의 리모델링을 거친 포에버21 매장 모습

일이다. SPG는 다른 부동산 사업을 하던 브룩필드 프로퍼티 파트너스 Brookfield Property Partners 같은 기업들과 협업해 파산 위기에 처해있는 브랜드들을 인수한 후 브랜드 리모델링과 사업 확장을 통해 부활시키는 프로젝트를 진행하고 있다. 에어로포스테일Aeropostale, 포에버21Forever21, 브룩스 브라더스Brooks Brothers, 럭키 브랜드Lucky Brand, 그리고 J.C. 페니 J.C. Penney 등 파산 위기에 놓여 있던 여러 기업들을 인수해 정상화시키는 등의 성과를 보이고 있다.

핵심 인물은?

SPG의 역사를 논하기 위해서는 창립자인 멜빈 사이먼을 빼놓고 이야기할 수 없다. SPG의 첫 사명이 '멜빈 사이먼 앤 어소시에이트Melvin Simon & Associates'일 정도로 막대한 영향을 끼친 인물인 그는 고등학교 졸업 후 인디애나폴리스에서 미군으로 복무했다.

그는 본업인 군복무 외에도 부업으로 방문 세일즈맨으로 일하며 자신의 군대 봉급에 보탰으며, 군에서 제대한 후 인디애나폴리스에서 부동산 중개업자로 취직하게 된다. 이때의 경력과 습득한 지식은 그가 미래의 사업을 구상하는 데 엄청난 역할을 했다.

이후 수년 간 다양한 쇼핑센터에서 부동산 중개업자로 임대사업을 담당하던 그는 1959년, 동생인 허버트 사이먼과 함께 자신의 임대업 회사인 '멜빈 사이먼 앤 어소시에이트'를 설립했다.

그들은 식료품점과 약국이 입점한 소규모 야외 쇼핑몰 개발부터 시작해 서서히 사업의 규모를 키워갔다. 아울렛과 쇼핑몰뿐만 아니라 NBA

SPG의 CEO 데이비드 사이먼

농구팀 운영과 영화 제작 등 다양한 사업을 시도하며 그 영역 확장을 위해 노력해왔다.

멜빈 사이먼은 82세이던 지난 2009년 암으로 세상을 떠났으며, 아들인 데이비드 사이먼David Simon이 CEO 자리를 물려받아 현재까지 경영을 담당하고 있다.

어떤 회사들과 경쟁하나?

SPG의 주요 경쟁자들은 다른 쇼핑몰 개발 기업 또는 대형 부동산에 대한 투자와 리모델링을 주된 사업 영역으로 하고 있는 기업들이다.

가장 큰 경쟁자는 리얼티 인컴Realty Income이나 리젠시 센터스Regency Centers 등으로, 토지 부동산이나 아울렛을 인수하는 과정에서 경쟁이 발생한다. 그러나 경쟁사들이 소유하고 있는 부동산의 숫자와 회사의 규모, 그 기업가치까지 현재로서는 SPG가 해당 분야에서는 압도적인 선두 자리를 지키고 있다.

그러나 다른 기업들과 경쟁만 하는 것은 아니며, 브룩필드 프로퍼티 파트너스와 협업하면서 몇몇 브랜드를 함께 인수해 리빌딩을 하는 등 협업에 대하여 열린 자세를 보여주는 기업이기도 하다.

2019년 상장 25주년을 축하하는 '리얼티 인컴' 경영진

지금 '사이먼 프로퍼티 그룹'을 주목해야 하는 이유

지난 2020년 초부터 현재까지 코로나의 여파로 인해 오프라인 매장들의 매출이 주된 수익원인 SPG에게는 상당히 힘든 시간이었다. 사람들이 아울렛에서 직접 쇼핑을 하지 못하고, 놀이공원이나 영화관 등의 공간이 문을 닫아버린 시간 동안 SPG의 주가는 거의 반 토막이 났음에도 불구하고, 경영진은 자신들의 미래를 매우 긍정적으로 보고 있다.

코로나 확산 직전인 지난 2020년 2월 주당 142달러 수준이던 SPG의 주가는 같은 해 4월에는 50달러 이하까지 추락했으나, 이후 꾸준히 주가를 회복했다. 실제로 SPG의 주가는 2021년 11월, 주당 170달러를 돌파하며 불과 1년 반 만에 코로나 직전 수준으로, 더 나아가 한창 주가가 좋았던 2019년 초 수준까지 회복하는 모습을 보였다. 하지만 이후 주식시장 상황의 악화로 인해 2022년 5월 말 기준 주당 110달러 수준까지 하락한 모습을 보여주고 있다.

〈CNN 비즈니스 주식 전망 보고서〉에 따르면, 총 20명의 주식 애널리스트 중 1명이 강력매수(outperform) 의견, 10명이 매수(buy) 의견, 그리고 9명이 중립(hold) 의견을 나타냈다. 또한, 17명의 애널리스트의 분석의견에 따르면 SPG의 주가 목표치는 중간값이 169달러, 가장 높은 예상치가 약 200달러,

가장 낮은 예상치가 150달러 수준으로 나타났는데, 가장 낮은 예상치인 150 달러도 현재 주가에 비해 약 30% 이상 높은 금액임을 볼 때 대부분의 애널리스트들은 SPG의 미래를 긍정적으로 판단하고 있음을 알 수 있다.

한편, CEO인 데이비드 사이먼은 최근 아울렛 임대사업이 다시 활발해지고 있으며 새로운 매장을 열기 위한 소매상들의 문의가 증가하고 있다고 밝혔다. 미국의 유명 쇼핑브랜드인 콜스Kohl's와 딕스 스포팅 굿즈Dick's Sporting Goods, 패션브랜드인 프리마크Primark 등이 SPG의 쇼핑몰에 새롭게 입점하는 브랜드들로 구체적으로 거론됐다. 현재는 새롭게 건설 중인 아울렛들과 호텔 3곳을 포함한 여러 재개발 사업도 진행 중이다. 데이비드 사이먼은 "우리는 전 세계 사업 포트폴리오를 지속적으로 개선하고 다각화하는 데 주력하고 있다"고 밝혔다. 실제로 여러 전문가들이 SPG의 향후 2년간 이익 증가율을 44.51%로 예상했는데, 이는 미국 부동산 투자신탁(REITs) 업종 전체의 이익 증가율 예상치인 43.81%를 상회한 것이며, 미국 전체 산업의 이익 증가율 예상치인 18.98%를 훨씬 뛰어넘을 것으로 전망된다.

또한 SPG의 미래에 있어 가장 고무적인 부분은 최근에 인수한 여러 기업들의 리빌딩을 통해 얻는 수익이 생각보다 굉장히 높다는 점이다. SPG의 경영진은 최근에 추진하고 있는 이들 소매업 브랜드에 대한 투자가 장기적으로 놀라운 성과를 거둘 것이라고 자신하고 있는데, 일례로 포에버21 같은 경우는 2020년 순매출이 7,500만 달러(약 866억 원)였으며, 이는 SPG가 이 브랜드를 인수하기 위해 투자한 6,700만 달러(약 774억 원)를 상회하는 금액이다. 또한 순이익은 약 3,000만 달러(약 346억 원)로, 코로나로 인해 많은 어려움이 있었던 첫 해 치고는 아주 좋은 투자수익률을 자랑했다.

06

브룩필드 인프라스트럭처
BIP

Brookfield

─── 핵심 요약 ───

- 브룩필드 인프라스트럭처는 캐나다 토론토에 본사를 두고 있는 기업으로 북남미, 아시아, 태평양 및 유럽 전역에서 사업을 펼치고 있다.

- 브룩필드는 유틸리티 부분, 운송 부문, 에너지 부문에서 글로벌 네트워크를 운영하고 있다.

- 브룩필드는 '브룩필드 자산운용'이 운영하는 파트너십 회사 중 하나로 지난 10년간 꾸준히 성장하고 있으며 부동산, 청정에너지 같은 기반시설 공급에 중점을 두고 있다.

한눈에 살펴보기

회사명	Brookfield Infrastructure Partners L.P.
설립연도	2008년
본사	캐나다 토론토
홈페이지	www.bip.brookfield.com
상장일	2008년 1월 31일
심볼	BIP
거래소	NYSE
분야	Utilities
업종	Utilities—Diversified

어떤 사업을 하는가?

브룩필드 인프라스트럭처Brookfield Infrastructure Partners L.P.(이하 브룩필드)
는 북남미, 유럽, 아시아, 태평양 지역에서 유틸리티(전기, 가스, 수도 등 필수
재화를 공급하는 기업), 운송, 미드스트림 및 데이터센터 인프라 설비 사업
을 운영한다. 북미와 남미 지역에서 82개의 강에 수력 발전소 218개를
보유하고 있으며 프랑스에서는 공공 기관이 아닌 일반 사업체 중 가장
많은 기지국을 소유하고 있다.

칠레에서는 전체 인구의 98%에게 전기를 공급하고 있으며 아일랜드
에서는 풍력 발전소의 20%를 차지하고 있다. 영국과 북미, 호주, 유럽에
서는 36개 항구를 보유하고 있고 인도와 남미에서는 3,600킬로미터에

세계 각국에 분포한 브룩필드의 사업장

달하는 유료도로가 브룩필드의 소유다. 전체를 다 합치면 브룩필드는 5
개 대륙, 30개 국가에서 2,000여 개의 인프라 설비를 보유하고 있으며
자산가치는 2,500억 달러(약 318조 7,500억 원)에 이른다.

1. 유틸리티

유틸리티 부문은 약 4,200킬로미터에 달하는 천연가스 파이프라인을
운영하고 있으며 2,000킬로미터의 송전 선로와 690만 개의 전기 및 천
연가스 연결 사업, 33만 개의 장기계약 스마트 계량기 및 중앙 냉난방 시
스템을 운영한다. 산업 설비로서 중요한 중앙 집중식 가스 분배 및 열병
합 발전 사업과 북미와 유럽에 약 2만 2,000킬로미터의 트랙 네트워크
및 서호주 남부의 5,500킬로미터 네트워크를 통한 화물 운송 사업도 하
고 있다.

천연가스 부문은 브라질에서 4,800킬로미터 철도사업과 브라질, 칠
레, 페루, 인도의 3,800킬로미터 고속도로 사업, 약 1만 5,000킬로미터에

브룩필드의 아일랜드 풍력발전소 전경

달하는 천연가스 전송 파이프라인, 6,000억 입방피트의 천연가스 저장고와 16개의 천연가스 처리 공장을 갖고 있다.

2. 운송, 미드스트림

에너지산업은 업스트림up-stream, 미드스트림mid-stream, 다운스트림 down-stream의 3가지 단계로 구분할 수 있다. 1단계 업스트림 생산단계는 석유 매장 장소의 탐사, 유전 굴착, 채유시설의 건설을 통한 원유 생산 단계이며, 2단계 미드스트림은 원유 생산 이후 원유 시장으로 판매하기 이전까지 생산물 처리, 운반, 저장하는 단계를 말한다. 3단계 다운스트림은 정제 단계로 원유를 가공해 휘발유, 나프타 등 각종 석유제품을 생산하게 된다. 브룩필드 인프라는 원유, 천연가스, 정유제품 등 청정자원을 수송하고 저장하는 데 특화된 미드스트림 사업을 수행하고 있다.

저장 탱크 및 주요 거점을 연결하는 파이프라인의 구축 여부가 기업의 수익성을 판가름하는 중요한 기준이 되는 사업으로 원유를 뽑아내는

브룩필드가 캐나다에서 운영 중인 천연가스 파이프라인

업스트림 기업들은 해당 지역의 파이프라인 외에 다른 선택지가 많지 않아 브룩필드 인프라를 이용하게 된다. 사업 다각화를 위해 수송을 포함한 유통 사업을 확장, 투자하고 있다.

3. 데이터

데이터 부문은 인도에 약 13만 7,000개의 통신 타워를 운영, 프랑스에 7,000개의 다목적 타워와 프랑스와 브라질에 1만 킬로미터의 광섬유 백본backbone(데이터를 모아 빠르게 전송할 수 있는 대규모 전송회선)을 보유하고 있다. 뉴질랜드의 1,600개 셀 사이트cell site(셀룰러 이동 전화망의 기지국)와 1만 1,500킬로미터의 광섬유 케이블, 영국에 100개의 활성 통신 타워와 70개의 분산 안테나 시스템, 54개의 데이터센터를 보유하고 있다.

4. 부동산 투자

호주의 파산 직전인 건설 및 부동산 대기업을 헐값에 인수했고, 영국 항만 운영사, 호주 석탄수출 터미널 지분 등으로 사업 구조를 다각화했다. 브룩필드 자산운용(BAM, Brookfield Asset Management)은 이후 각 사업부문을 브룩필드 인프라스트럭처(BIP, Brookfield Infrastructure Partners), 브룩필드 재생에너지(BEP, Brookfield Renewable Partners), 브룩필드 비즈니스 파트너스(BBU, Brookfield Business Partners LP), 브룩필드 프로퍼티(BPY, Brookfield Property Partners) 등의 자회사로 뉴욕 증시에 상장했다. 이렇게 파생된 기업에서 고정 수수료, 운영 수수료, 성과 수수료를 받아 지배 구조를 갖추었으며 이 중 절반은 투자자에게 돌려 줄 필요가 없는 영구 자본으로 풍부한 자본력과 유연성을 확보한 평생 갈 수 있는 기업 구조를 구축했다.

핵심 인물은?

브룩필드는 브룩필드 자산운용의 자회사인데, 브룩필드 자산운용의 CEO 브루스 플랫Bruce Flatt은 2002년 취임 후 1,350%의 수익을 내면서 대중에게 널리 알려지기 시작했다. 당시 S&P 500 평균 수익률이 183%인 걸 감안하면 그의 성과는 대단한 성적이었다. 그는 파이프라인이나 전선, 대형 부동산 등 장기적 관점에서 투자 가능한 양질의 자산을 매입했다. 수익률과 시세 차익 모두 낼 수 있는 탄탄한 투자 수익을 창출하며 캐나다의 워런 버핏으로 불리기 시작했다.

브루스 플랫은 남다른 역발상과 장기투자에 적극적인 면모를 보이며 인내심과 복리 수입 확보에 중점을 둔 투자 전략을 세웠다. 그는 3년간 25%를 버는 것보다 20년간 12~15%의 수익을 올리는 방식을 선호하며 사업 규모를 확장했다.

글로벌 금융 위기가 발생하기 직전인 2007년, 브루스 플랫은 경기 침체에 대한 대응으로 무선 전신탑, 발전소, 항만, 유료 도로 등 인프라에 연기금, 은행 예금 등을 투자한다면 새로운 글로벌 경제의 근간을 마련하게 될 것이라고 전망하기도 했다.

브룩필드 인프라스트럭처의 현재 CEO는 샘 폴락Sam. Pollock으로 최고 경영자 겸 매니징 파트너를 맡고 있다. 폴락은 인프라 운영과 플랫폼 확장을 책임지고 있으며 1994년 브룩필드에

브룩필드 자산운용을 이끌고 있는
CEO 브루스 플랫

합류한 이후 회사의 재무 자문 서비스와 투자 그룹 리더 등 조직에서 다양한 고위직을 역임했다.

어떤 회사들과 경쟁하나?

최근 미국 내 재생에너지 산업이 대두됨에 따라 이를 활용하고자 하는 미국 유틸리티 기업들이 브룩필드의 주요 경쟁사다. 경쟁사들 모두 2050년 탄소중립을 목표로 에너지 믹스를 전환하고 있으며 10년 평균 배당수익률이 2~4%대를 유지하고 있다.

탄소배출량을 줄이고 기후 변화에 능동적으로 대처하는 ESG 경영방

식이 중요해짐에 따라 지난 14년간 〈포천〉이 선정한 가장 존경받는 기업 1위로 선정된 유틸리티 산업 분야의 넥스테라 에너지NextEra Energy가 대표적인 경쟁 기업이다. 재생에너지 개발 기업을 거느린 에너지 지주사인 넥스테라 에너지는 전력의 70%를 재생에너지를 통해 생산하고 있다.

듀크 에너지Duke Energy Corporation는 미국 내 3대 유틸리티 기업 중 하나로 900만 명의 고객에게 전력과 천연가스를 공급하고 있다. 지난 10년간 석탄용량 6,539메가와트를 폐기하였으며 석탄발전소의 축소와 동시에 재생에너지로 사업을 확장하고 있다. 도미니언 에너지Dominion Energy는 2020년 천연가스 파이프라인을 매각하는 등 탄소배출량 제로를 위한 재생에너지 사업으로의 전환을 본격화하고 있다.

미국 내 3대 유틸리티 기업 중 하나인 '듀크 에너지'

지금 '브룩필드 인프라스트럭처'를
주목해야 하는 이유

미국 바이든 대통령은 최근 "미국의 무너져가는 인프라를 재건할 것"이라고 언급한 이후 도로, 교량, 항구, 철도, 상수도 시스템, 전력망, 광대역 인터넷 시스템을 건설·수리하고 현대화할 계획이다.

세계에서 가장 많은 인프라 자산을 소유한 기업 중 하나가 바로 브룩필드 인프라스트럭처이다. 브룩필드는 미래 성장 동력인 신재생에너지 산업에 대한 사회적 필요와 기술이 대두됨에 따라 신재생에너지 분야에서의 투자 및 사업을 확장하고 있다.

브룩필드는 풍력, 태양력, 클린 에너지, 클린 테크놀로지, 수자원 등 신재생에너지 분야에 대한 국가 차원의 지원을 바탕으로 미국을 비롯한 세계 여러 나라에서 글로벌 경제의 근간이 되는 인프라 산업 성장을 더욱 견인해 나갈 것으로 보인다.

투자자들은 최근 들어 가격을 조정 받은 기술 성장주를 저가 매수할 수도, 미국의 경기 부양책으로 채권 금리가 다시 오를 것을 예상해 금융주를 살 수도 있다. 이 투자 전략은 투자자의 성향에 따라 갈릴 것이며, 어느 쪽이 더 큰 수익을 낼지 확신할 수는 없다. 이럴 때일수록 대체로 승률이 높은 투자를 위해서는 정책 수혜주를 눈여겨봐야 한다. 지금까지 파월 의장의 입에 주목했다면, 이제는 시선을 조 바이든 미국 대통령에게 돌릴 필요가 있다.

최근 1조 9,000억 달러의 코로나19 구호 법안이 통과함에 따라, 바이든 대통령이 공약했던 최대 4조 달러(약 5,097조 6,000억 원) 규모의 인프라 투자가 본격적으로 추진되고 있다. 실제로 미국 민주당이 제시하고 하원을 통과했던 인프라 투자 법안을 살펴보면, 도로·철도와 통신망 같은 전통적인 인프라 분야가 그 대상이며, 미국 주식시장에서는 이미 인프라 테마 상장지수펀드(ETF)에 빠른 속도로 자금이 유입되기 시작했다.

이러한 흐름의 중심에 있는 브룩필드 자산운용은 5,750억 달러(약 635조 원)를 운용하는 종합 대체투자 운용사이며 1899년에 설립돼 120년이 넘는 역사를 자랑하는 기업이다. 국내에서도 서울국제금융센터(IFC)를 보유하고 있으며 IFC는 서울 여의도의 랜드마크 오피스 빌딩으로 오피스 3개동과 콘래드호텔, IFC몰로 이루어져 있다. 오피스 3개동 전체의 공실률은 약 1%에 불과해 자연공실률인 5%를 크게 밑돌아 최근 IFC 인수전에 운용사나 IB기업들의 관심과 이목이 집중되었고 2022년 6월, 최종적으로 미래에셋자산운용의 인수가 결정됐다. 인프라 설비 확충의 사업 확장, 자산운용사를 함께 운용하는 브룩필드는 당분간 성장세가 지속될 것이라 보인다.

넥스테라 에너지

NextEra Energy

───────── **핵심 요약** ─────────

● 넥스테라 에너지는 미국과 캐나다에서 전기 에너지의 생성, 전송, 유통 및 판매
  에 관여하고 있는 북미 최대의 에너지 인프라 기업이다.

● 넥스테라의 사명은 'Next Era Energy', 즉 '차세대 에너지'라는 뜻으로, 가장 진
  보적인 최대 재생에너지 디벨로퍼로서 전 세계에 1만 4,000여 명의 직원을 두
  고 있고, 미국 내 30개 주, 캐나다에서 세계 최대의 신재생에너지 발전소를 가지
  고 있다.

● 풍력 및 태양광 프로젝트에서 재생 가능한 에너지 생성에 참여하고 있으며 천연
  가스, 원자력, 석유, 석탄, 수력 발전소를 통해 전기를 생산한다.

한눈에 살펴보기

회사명	NextEra Energy, Inc.
설립연도	1925년
본사	미국 플로리다 주노비치
홈페이지	www.nexteraenergy.com
상장일	2003년 1월 10일
심볼	NEE
거래소	NYSE
분야	Utilities
업종	Utilities-Regulated Electic

어떤 사업을 하는가?

1. 전력 공급

넥스테라 에너지(이하 NEE)의 사업은 크게 세 분야로 나누어 관리되고 있다. FPL로 불리는 '플로리다 파워 & 라이트Florida Power & Light(이하 FPL)'는 1925년 플로리다 법률에 따라 설립된 전력 회사다. 플로리다 동해안을 중심으로 약 500만 가구를 고객으로 가지고 있다. 영업 이익의 절반이 주택용 전력공급에서, 40%가 상업 사무실에서 나온다. 사용하는 연료원은 주로 천연가스, 원자력이며 석유도 일부 포함한다.

2. 전력 도매

또 다른 사업 부문은 '넥스테라 에너지 자원 주식회사(NextEra Energy Resources, 이하 NEER)'다. 1998년에 델라웨어주의 법률에 따라 설립되었다. 미국, 캐나다, 스페인을 중심으로 전력을 도매하고 있으며 재생 가능에너지에 초점을 맞추고 있다. 에너지원의 60%가 풍력, 30%가 원자력, 10%의 태양광 에너지로 구성되어 있다.

3. 에너지 저장 장치

세 번째 비즈니스 모델은 에너지 저장 장치로 다른 유틸리티 기업과 차별화된 점이기도 하다. 자회사인 NEER을 통해 에너지 저장 장치 개발을 본격화하며 새로운 성장 동력을 추가하고 있다. 재생에너지 수요가 증가하려면 전력을 충전했다가 필요한 곳에 공급해줄 수 있는 설비투자가 앞서 진행되어야 하는데, NEE는 이미 재생에너지 개발 파이프라인을 보유하고 있으며 올해 추가로 5기가와트(태양전지의 생산·판매량을 표시하는 단위)의 설비가 추가될 예정이다.

이는 전 세계 유틸리티 기업 중 가장 큰 규모이며 미국 에너지저장협

미국 플로리다에 위피한 넥스테라 본사

전력 도매 사업을 주력으로 하는 NEE의 자회사 '넥스트라 에너지 리소스'

회에 따르면 이미 미국 전체 전력의 2%가량은 넥스테라 에너지 저장 장치가 담당하고 있다.

2019년에 65억 달러로 인수한 걸프파워 컴퍼니Gulf Power Company는 화석연료에서 생산한 전력을 공급하고 있으며 플로리다 북동지역에 47만 고객을 보유하고 있다.

핵심 인물은?

NEE를 이끌었던 CEO는 짐 로보Jim Robo이다. 1984년 하버드대학교에서 우등으로 학사 학위 및 하버드 비즈니스 스쿨에서 MBA 학위를 수여받았다. 이후 그는 2002년 기업개발 및 전략담당 부사장으로 NEE에 합류해 이후, NEER의 사장을 역임하고 2006년에는 사장 겸 최고운영책임자로 임명되었다. 2012년 7월 사장 겸 CEO로 임명되었으며 2013년 12월 이사회 의장이 되었다.

그는 앞서 소개한 FPL의 회장이자 NEE의 CEO로 이전에는 GE 캐피털GE Capital의 CEO였으며 또한 GE 멕시코의 회장 겸 CEO를 역임한 바 있다. 로보의 관리 하에 NEE는 청정에너지의 글로벌 리더이자 글로벌 전기회사로 변모했으며 CEO가 되었을 당시 대비 시가 총액이 5배나 향상했다.

© nexteraenergy.com

NEE의 CEO 짐 로보

2021년 짐 로보는 자신의 역할을 마무리하고 은퇴할 것을 발표했고, 2022년 3월 존 케첨이John W. Ketchum NEE의 새로운 CEO로 발탁됐다. 존 케첨은 아리조나대학교에서 우등으로 졸업하여 경제학 및 금융 학사 학위를 취득한 이후 미주리대학교에서 세무 법학 석사 학위와 법학 박사 학위를 취득했다. 회사에 합류하기 이전에는 세무변호사로 활동했으며, 이후 테코 에너지TECO Energy에서 기업 고문, NEER의 법률 고문 및 기업 비서직을 역임했다. 가장 최근에는 NEE의 재무 담당 수석 부사장을 역임한 바 있다.

그는 가장 투자규모가 큰 50억 달러 규모의 3개년 프로젝트를 관리 감독하며 NEE 성장에 기여했다. 케첨은 회사의 성장 전략을 수립하기 위한 팀워크, 실행, 혁신가 정신이 있으며 재무관리 경험을 통한 매출 성장, 생산성 및 수익성 향상에 리더십을 발휘해 CEO로 발탁된 것으로 보인다.

어떤 회사들과 경쟁하나?

    NEE의 경쟁사 중 한 곳인 도미니언 에너지는 버지니아 리치몬드에 본사를 둔 미국의 전력 및 에너지 기업이다. 도미니언 에너지는 버지니아, 노스캐롤라이나 및 사우스캐롤라이나 일부 지역에 전기를 공급하고 있으며 인디애나, 일리노이, 코네티컷, 로드아일랜드에 발전 시설을 갖추고 있다. 민영사업자가 도시가스 사업을 담당하는 한국처럼 미국 에너지 사업도 지역에서 압도적인 지위를 누리는 기업들이 공급을 책임지는 사례가 많은데 도미니언 에너지도 매출의 86%가 지역 전력과 가스를 공급하는 데서 나와 꾸준히 안정적인 매출이 발생하는 기업이다. 도미니언 에너지 역시 배당을 줄이고 청정에너지 투자에 집중했던 바 있다.

    NEE의 또 다른 경쟁사는 서던 컴퍼니Southern Company다. 이 회사는 조지아주 애틀랜타에 본사를 두고 있으며, 현재 고객 규모 측면에서 미국에서 두 번째로 큰 유틸리티 회사이다. 자회사를 통해 6개 주에서 900만 가구에 가스 및 전기 유틸리티를 제공한다.

NYSE 상장을 축하하는 '서던 컴퍼니' 경영진들

지금 '넥스테라 에너지'를
주목해야 하는 이유

　신재생에너지 기업인 NEE는 자회사 NEER과 LLC 및 계열사를 통해 풍력과 태양광을 이용한 재생에너지를 생산하고 있다. 바이든 행정부가 추진하는 인프라 법안 'Build Back Better', 즉 BBB 법안은 태양광과 풍력 등 재생에너지의 PTC(생산세액공제(production tax credit), 재생에너지원을 이용해 생산한 전력을 제3자에게 판매한 기업이 납부한 세금에 대한 공제), ITC(투자세액공제(investment tax credit), 재생에너지 사업에 투자했을 경우 연방정부에 내야 할 소득세에 대한 공제) 차원에서의 지원을 2033~2036년까지 연장한다는 내용을 담고 있어 신재생에너지 산업에 중요한 제도이다. 이 법안이 올해 안에 통과될 것으로 전망하고 있어 전기 유틸리티 위주의 사업 외에 최근 수소에너지 생산 개발에도 투자하고 있는 NEE는 지속 성장할 것으로 전망된다. 바이든 수혜주라고 일컫는 수소에너지 시장 역시 잠재력이 큰 만큼 이에 대한 모멘텀을 잘 이끌어 낸다면 NEE에게 새로운 성장 동력이 될 것이라 예측된다.

　탈탄소 플랫폼의 대표주자인 NEE는 바이든 행정부의 2035년까지 탄소제로 전력공급과 2050년까지 넷제로NetZero 정책의 목표에 맞춰 성장하고 있으며 최대 탈탄소 플랫폼으로서 그 고유의 가치와 경쟁력이 한층 부각될 전망이다. NEE의 차세대 성장 동력인 그린수소와 클린워터 솔루션 전망 역시 밝다.

　미국은 정책적으로 2030년대 중반까지 가스 복합발전을 그린수소가 대체하고 전력망의 20%를 충당한다는 계획을 발표한 바 있다. 텍사스주를 포함한 8개 주에서 상수도와 폐수처리 자산 포트폴리오의 인수 계약을 체결하는 등 이미 클린워터 솔루션 시장은 수요가 높아지고 있어 NEE의 미래 성장 가능성은 아주 밝은 편이다.

　유틸리티 기업 중 하나인 NEE는 인구 성장과 함께 규모가 확대되고 있으며 해당 산업 분야에서 규모의 경제 효과로 이미 천연가스나 석탄 대비 낮은 재생에너지에 대한 발전 단가를 향상시킨 효과를 거두었다. 또한 미국 산업 내 유틸리티 에너지 산업 분야에서 1위 초대형 플레이어로서 기업 가치 프리미엄이 한층 강화될 유망 기업이다.

PART **4** 〉 건강과 행복을 위한 ───────

'제약&서비스 기업' 7

도어대시

DoorDash

--- **핵심 요약** ---

- 2013년 캘리포니아에서 탄생한 도어대시는 음식배달 플랫폼으로 시작해, 현재 는 편의점에서 판매하는 다양한 제품까지 고객에게 배달하고 있다. 후발주자임 에도 빠르게 성장해 현재 독보적 시장 점유율 1위를 점하고 있다.

- 도어대시는 규모의 경제를 활용해 다양한 프랜차이즈와 협업을 하면서도 도어 대시만의 고유한 브랜딩을 구축하기 위한 노력을 적극적으로 하고 있으며 다른 경쟁사와의 차별적인 포지셔닝을 위해 노력하고 있다.

- 배달 플랫폼 시장의 수익성, 플랫폼 노동 문제, 나아가 배달 시간에 집중한 다양 한 업체들 간의 출현 경쟁은 도어대시가 앞으로 해결해야 할 문제다.

회사명	DoorDash, Inc.
설립연도	2013년
본사	미국 캘리포니아 샌프란시스코
홈페이지	www.doordash.com
상장일	2020년 12월 9일
심볼	DASH
거래소	NYSE
분야	Communication Services
업종	Internet Content & Information

어떤 사업을 하는가?

도어대시DoorDash는 초기에는 음식배달 사업을 통해 성장했지만 지금은 음식을 넘어 다양한 상품을 배달하면서 사업을 확장하고 있는 로지스틱스 네트워크 회사이다. 도어대시는 자사의 미션을 '지역 경제를 성장시키고 돕는 것(To grow and empower local economies)'이라고 소개한다.

1. 음식배달 플랫폼

2013년에 창업하면서 배달 플랫폼 시장에 진입한 도어대시는 다른 배달 플랫폼에 비하면 후발주자로 볼 수 있다. 참고로 그럽허브Grubhub가 2004년, 포스트메이츠Postmates가 2011년, 우버이츠Uber Eats는 2014년

음식배달 사업으로 시작한 도어대시

에 음식배달 시장에 뛰어들었다.

　도어대시는 2018년 1월까지 시장점유율 17%로 3위 수준에 머물렀으나 2020년 10월 기준으로는 점유율을 50%까지 대폭 확대하면서 시장의 선두주자였던 그럽허브와 우버이츠를 크게 따돌리는 데 성공한다. 2021년 12월 기준으로는 58%까지 점유율을 끌어올리면서 2위인 우버이츠(24%)와 3위 그럽허브(15%)를 합친 것보다도 큰 폭으로 시장을 점유하고 있다.

　도어대시는 다른 경쟁사들이 대도시에 집중하고 있는 상황을 피해 식당이 부족하고, 플랫폼 사업자들이 기피하는 교외지역을 집중적으로 공략했다. 교외 지역은 대도시 대비 가족 단위 주문이 많아 주문당 단가가 높은 편이었고, 교통량이 많지 않은 만큼 배달 품질을 안정적으로 관리할 수 있었기에 이 전략은 매우 효과적이었다. 또한 이 전략은 지역경제에 초점을 맞춘 도어대시의 미션과도 연관이 있다. 여기에 덧붙여 코로나 대유행은 재택근무와 맞물려 교외지역의 생활인구 증가를 야기하면서 도어대시의 주문 수는 폭발적으로 증가하게 된다.

이후 프랜차이즈와의 파트너십을 공격적으로 맺고 배달을 하지 않는 맛집은 인수를 하는 정책을 펼쳐 사용자층을 빠르게 흡수해나가면서 경쟁사 대비 규모의 경제를 만들어가는 데 성공한다.

곧이어 '대시패스Dashpass'라는 정기구독 서비스 론칭을 통해 사용자의 잔존율을 제고하는 데 성공한다. 이는 주문 중개수수료 기반의 비즈니스 모델을 가지고 있었던 만큼 자연스레 예고된 전략으로 해당 전략 역시 JP모건 체이스 은행과의 제휴를 통해 비용도 효율적으로 통제하면서 구독서비스 론칭에 성공적인 결과를 만들어냈다.

2. 퀵커머스(Quick Commerce) 플랫폼

여기서 만족했다면 도어대시는 음식배달 플랫폼 중 하나로만 남았을 것이다. 도어대시는 여기서 멈추지 않고 로지스틱스 네트워크 회사로 발돋움하기 위해 지역 편의점 체인들과 B2B 파트너십을 통해 플랫폼 내

편의점 물품 배달 서비스 등을 제공하며 퀵커머스 플랫폼으로 사업 확장을 하고 있다.

편의점 규모를 빠르게 확장했다.

음식배달 시장의 후발주자로 시장에 뛰어들었음에도 불구하고 2020년 편의점 배달시장 점유율 58%로 고퍼프Gopuff, 인스타카트Instacart, 우버이츠 등을 따돌리고 1위를 차지하는 데 성공한다. 현재 도어대시는 식료품 배송, 로봇 배송 등을 통해 배달 가능한 상품을 늘리고 소비자가 최종적으로 물건을 받게 되는 단계, 즉 '라스트마일Last Mile'까지의 고객 경험을 개선하기 위해 노력하고 있다.

핵심 인물은?

많은 창업자들은 자신의 삶 속에서 얻은 영감을 바탕으로 사업의 아이디어를 얻고 사업을 시작한다. 토니 수Tony Xu 역시 그러한 창업자 중 하나였다. 그는 1985년 중국에서 태어나, 1989년에 부모님과 함께 미국으로 이민을 왔다. 그의 어머니는 당시 대학원생인 아버지를 대신해 생계를 책임졌고 식당에서 오랜 시간 일을 했다고 한다. 토니 수 역시 어린 시절부터 어머니가 일하는 식당 아르바이트부터 잔디깎이 등 수많은 아르바이트를 전전해야 했다.

시간이 흘러 토니 수는 스탠퍼드대학교 MBA에 진학을 하게 된다. 그리고 수업 프로젝트에서 만났던 친구들과 지역경제를 위한 서비스를 개발하기로 마음을 먹는다. 학교 주변의 가게들이 음식배달 수요 대비 공급이 부족해 불만이 높은 모습을 자주 목격했기 때문이다.

그는 우선 친구인 앤디 팽Endy Fang, 스탠리 탱Stanley Tang과 함께 프로토타입을 만들어 직접 배달을 해보며 사업성을 테스트했다. MBA 진학 전에 토니 수는 산업공학을, 그의 동기들은 컴퓨터공학을 전공했기에 프로토타입을 만드는 데는 그리 오랜 시간이 걸리지 않았다.

이들이 개발한 프로토타입 서비스의 명칭은 '팰로앨토 딜리버리 닷컴 PaloAltoDelivery.com'이었다. 팰로앨토 딜리버리 닷컴은 하루만에 제작한 단순한 웹페이지로 학교 근처 8개 가게의 전단지와 주문 가능한 전화번호로 구성되어 있었다고 한다.

하지만 서비스가 론칭되자마자 많은 배달 요청 전화가 줄을 이었고 그 덕분에 그들은 수업이 끝난 후에는 배달을 직접 처리해야 했다. 배달 수요가 있음을 확인한 것이다. 이후 팰로앨토 딜리버리 닷컴은 도어대시의 전신이 된다.

2021년 8월 현재, 앤디 팽과 스탠리 탱은 지금도 각각 CTO, CPO로 도어대시의 핵심 인프라를 구축하며 업그레이드하고 있다. 뿐만 아니라 2020년, 도어대시가 상장될 때 그들의 클래스B 주식의결권을 토니 수에게 몰아줌으로써 그들 간의 파트너십이 여전히 굳건함을 보여주었다.

도어대시 창업자 스탠리 탱(왼쪽), 토니 수(가운데), 앤디 팽(오른쪽)

도어대시는 NBA 리그 등 다양한 파트너들과의 협업을 진행한다.

배달 플랫폼은 시장 내 경쟁이 갈수록 격렬해지는 상황이다. 단 몇 분이 라도 더 빠르게 배달하기 위해 수요와 공급을 거의 준실시간에 가깝게 조율할 정도로 시스템을 유지하고 개선해야 한다는 점을 감안하다면, 사 업-제품-기술을 책임지는 창업자들의 파트너십이 굳건하다는 것은 회사 에게는 큰 시너지로 작용한다.

어떤 회사들과 경쟁하나?

도어대시, 포스트메이츠, 그리고 우버이츠 등 음식배달 플랫폼의 성장 가능성이 입증되자, 다양한 스타트업들이 투자자들의 전폭적인 지원 아 래 이 시장에 뛰어들고 있다. 무엇보다 '배달 기술'에 집중해 기존 업체 들보다 더 빠른 속도의 배달에 초점을 맞춘 채 뛰어드는 회사들이 많다. 고퍼프, 게티르Getir, 고릴라스Gorillas, 위지Weezy, 디지아Djia 등의 기업들 이 대표적이다.

고퍼프는 기존에는 대학을 중심으로 30분 내 배송을 주요 비즈니스 모델로 운영하다가 공격적으로 대상 지역을 확대하고 있다. 게티르와 고릴라스의 경우 기존 평균 배달시간의 절반인 15~30분 내에 배달을 완료하겠다는 목표 아래 빠르게 사세를 넓혀가고 있다.

이 시장은 진입장벽은 높지 않은 대신 업주, 사용자, 라이더 간의 수요 및 공급을 준실시간에 가깝게 조절하기 위한 기술적인 복잡도가 요구된다. 하지만 시장 성장 속도가 워낙 가파르다보니 많은 투자사들이 기술적 한계를 극복하기 위한 대규모 투자를 연달아 집행하고 있으며 이에 힘입어 앞으로도 더 많은 스타트업들이 경쟁에 참여할 것으로 예상된다.

24시간 배달 서비스를 제공하는 '고퍼프'는 기업가치로 4조 원 이상의 평가를 받는다.

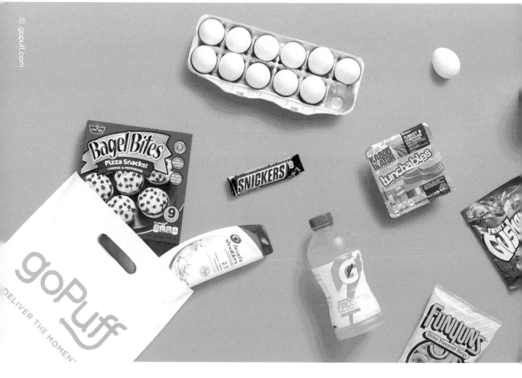

하락장이 두렵지 않은 미국 우량주 28

도어대시는 이들과의 무한경쟁 대신 투자 혹은 제휴를 바탕으로 시장의 선두주자로서 적절히 대응하는 상황이다. 우버이츠의 경우 한발 빠르게 고퍼프와 제휴를 하며 자사의 플랫폼 안에서 고퍼프의 모든 제품을 주문할 수 있도록 제공한 바 있다.

여기까지가 '배달'을 중심으로 하는 경쟁 환경이라고 볼 수 있다. 하지만 '커머스'를 중심으로 볼 때 향후 경쟁 환경은 다른 방향으로 펼쳐질 수 있다. 음식에 집중했던 초기와 달리 이제는 식료품 그리고 생필품 등으로 배달의 범위를 넓혀가고 있기 때문이다.

이른바 '퀵커머스Quick Commerce'의 등장은 다양한 커머스 회사와의 전면전을 예고하고 있다. 네이버와 CJ처럼 제휴를 통한 사업 확장을 꾀할지, 아니면 쿠팡처럼 독자적으로 모든 커머스와 경쟁할지는 지켜봐야겠지만, 확실한 것은 대규모의 투자금액에 기반한 격렬한 경쟁은 한동안 이어질 것이라는 점이다.

지금 '도어대시'를
주목해야 하는 이유

도어대시는 앞서 언급했던 것처럼 후발주자였음에도 불구하고 빠르게 점유율을 늘리면서 단숨에 1위 자리를 차지했다. 그리고 압도적인 시장 점유율을 기반으로 규모의 경제를 활용해 편의점, 코로나 자가 진단 키트 배송 등 다양한 시장으로 진출하고 있다.

대부분의 경쟁사들이 대도시에 집중하고 자사 서비스의 기능 개선에 집중할 때 교외를 집중 공략하고, 프랜차이즈와의 코마케팅Co-Marketing을 통해 브랜드를 강화한 것이 급격한 성장에는 큰 원동력이 되었다. 다만 여전히 도어대시에 대해서는 다음과 같은 이유로 상반된 의견이 존재하는 것 또한 사실이다.

첫 번째, 플랫폼 종사자의 법적 권리에 대한 논란이다. 최근까지 이어지고 있는 코로나 대유행과 함께 배달 수요는 급격하게 증가했고 이로 인해 배달원을 노동자로 인정해야 할지, 아니면 자영업자로 인정해야 할지에 대한 문제가 대두되었다. 영국은 올해 2월에 우버이츠를 대상으로 한 판결에서는 배달원을 노동자로 인정을 했다가 6월에 딜리버루Deliveroo를 대상으로 한 판결에서는 배달원을 자영업자로 인정하기도 했다.

영국뿐만 아니라 미국(캘리포니아), 스페인, 오스트레일리아 등 전 세계 곳곳에서 플랫폼 노동자 관련 논란이 여전히 지속되고 있다. 플랫폼의 주요 이해관계자인 배달원에 대한 논란이 어느 정도 안정되지 않는다면 플랫폼의 안정성이 떨어지게 되고 나아가 산업의 안정성까지 흔들릴 수 있는 만큼 이 문제는 여전히 도어대시의 걸림돌이다.

두 번째, 낮은 수익성이다. 사용자, 배달원, 업주의 수요·공급을 준실시간에 가깝게 조율해야 하는 것이 배달 플랫폼의 핵심이다. 도어대시 및 우버이츠의 급격한 성장을 목도한 투자자들 덕분에 광란의 투자유치(frantic fundraising)라는 말이 어색하지 않을 정도로 많은 스타트업들이 이 시장에 뛰어들고 있다.

앞서 언급한 이해관계자 중 B2C라고 볼 수 있는 사용자를 자사의 플랫폼에 유지시키기 위해 많은 마케팅 비용이 소요되고 있고, 배달원에게 투입되는 비용 역시 끊임없이 늘어나고 있다. 배달원에 대한 노동자 인정 문제가 플랫폼 입장에서는 중요한 이유이기도 하다.

주문부터 배달까지 전반부에 걸쳐 고객 경험에서 우위를 가져가기 위해 이러한 비용은 필수불가하다고 하지만, 대부분의 회사가 아직은 손실 또는 낮은 수익성을 보여주고 있다.

물론 부정적인 전망만 있는 것은 아니다. 앞서 언급한 바와 같이 배달시장이 근본적으로 가지고 있는 수익성 이슈를 해결해 나가는 데 있어, 도어대시는 타 경쟁사와 비교할 때 한발 앞서 다양한 시도를 하거나, 적절한 신규 비즈니스 모델을 흡수해 나가면서 대응하고 있어, 이 시장에서는 지속가능한 관점에서 타사 대비 가능성 있는 행보를 보여주고 있다.

대표적인 예로 생활용품으로의 배달 가능 제품군 확장이 있다. 편의점부터 시작해 꽃 배달 서비스로 확장시키며 지속적인 시장 성장세를 유지하려는 움직임을 보여주는 동시에 여러 주문을 한 데 모아서 주문할 수 있는 '더블대시Double Dash' 옵션을 제공함으로써 수수료 최적화를 시도하고 있다. 2021년에는 그간 쌓인 데이터를 바탕으로 업주들을 대상으로 한 금융 서비스, 광고 등의 마케팅 서비스를 제공함으로써 점차 수익성을 강화하고 있는 상황이다.

사용자 측면에서도 유료 구독 서비스인 대시패스의 사용자가 4분기 기준 1,000만 명을 돌파했다. 대시패스 사용자는 미사용자 대비 잔존율 및 공헌이익에 대한 기여도가 사용기간에 따라 선형으로 증가추세가 뚜렷하게 보이고 있다. 이를 통해 코로나 사태와 상관없이 사용자의 배달 수요가 꾸준히 증가하고 있고, 코로나가 주춤함에 따라 오프라인 영업이 많이 진행되고 있음에도 불구하고 안정적으로 주문추세를 유지할 것으로 보인다.

마지막으로 연간 약 600만 명의 배달원이 활동을 하고 있다는 점이다. 최근 4분기 실적 보고서에 따르면 배달원의 약 70%가 부업 차원에서 부수입 창출로 플랫폼 비즈니스가 유용하며 상황에 따라 일을 더할 수 있음을 언급한 바 있어, 플랫폼 종사자의 법적권리에 대한 부분은 당분간은 평행선을 그릴 것으로 보인다.

트윌리오

Twilio

핵심 요약

- 트윌리오는 기업이 고객과 커뮤니케이션을 하기 위한 모든 서비스를 제공하는 기업이다.

- 트윌리오는 오디오부터 비디오까지 다양한 커뮤니케이션 플랫폼을 통합으로 제공하면서 코로나 사태 속에서 빠르게 성장하고 있다.

- 커뮤니케이션 시장의 가능성은 코로나로 인해 예상보다 빠르게 알려졌기 때문에 많은 경쟁사들의 진입이 예상되는 바, 단순 기능을 넘어 데이터 제공 플랫폼으로 진화하려는 트윌리오의 앞날이 기대된다.

한눈에 살펴보기

회사명	Twilio Inc.	
설립연도	2008년	
본사	미국 캘리포니아 샌프란시스코	
홈페이지	www.twilio.com	
상장일	2016년 6월 23일	
심볼	TWLO	
거래소	NYSE	
분야	Communication Services	
업종	Internet Content & Information	

어떤 사업을 하는가?

1. 고객 커뮤니케이션 API 제공

트윌리오Twilio는 기업들이 고객 대상 커뮤니케이션 서비스를 API 형태로 제공하는 B2B 기업이다. API는 쉽게 말해 애플리케이션 간 커뮤니케이션을 위한 언어이다.

우리가 가게에서 물건을 사고 결제하는 상황을 생각해보자. 소비자로서 우리는 어떻게 결제가 이뤄지는지 자세한 내부 흐름은 모른다. 하지만 카드를 꽂거나 긁으면 결제가 된다는 것을 알고 있다. 이와 같이 결제라는 상호작용을 도와주는 언어, 방식의 집합을 API라고 볼 수 있다. API를 이용해서 우리는 내부의 구체적인 방식은 모르더라도 해당 기능

Lookup
Reduce fraud, increase lead conversion, and improve message delivery

Twilio Autopilot
Build artificially intelligent bots to serve customers

Programmable Voice
Make, receive, and monitor calls

Marketing Campaigns
UI-based email-marketing tool

Authy
Authenticate users via phone number

 twilio

Programmable Video
Build real-time video calls

Twilio Flex
Start with the Cloud Contact Center Platform

Programmable Chat
Add chat engine to your app

Studio
Build, deploy, and manage your applications using a drag-and-drop builder

Proxy
Anonymize text and voice conversations between parties

트윌리오가 제공하는 다양한 커뮤니케이션 IT 서비스들

을 쉽게 이해할 수 있다.

우리가 매일 사용하는 많은 앱을 떠올려보자. 배달의 민족, 야놀자, 토스 등 모든 앱들은 지도나, 결제, 상담 채팅 등 핵심기능을 제외한 모든 기능을 내부에서 모두 직접 구현하고 있는 것일까? 그렇지 않다. 이러한 기능을 다 구현하기에는 비용이 너무 많이 들어갈 수 있다. 그래서 그들은 이런 특정 기능을 전문적으로 제공하는 다른 회사들의 서비스를 자사의 서비스에 연결해서 제공한다.

특정 기능을 전문적으로 제공하는 회사의 예로는 네이버, 카카오, SK 텔레콤을 들 수 있다. 이들은 자사의 지도 서비스를 API로 제공하고 대신 월 사용료를 받는다. 배달의 민족, 야놀자, 토스 등의 기업은 직접 개발하는 대신 타사의 API를 활용함으로써 자사가 정말 잘할 수 있는 핵심 역량에 최대한 집중해서 좋은 고객 경험을 제공하려고 한다. 이때 앞서 언급한 네이버, 카카오와 같이 트윌리오는 고객 커뮤니케이션 관련 기능에만 집중해서 API를 제공하는 회사다.

트윌리오는 초기부터 AWS 클라우드를 적극 이용해서 고객의 비즈니스 규모에 맞춰 비즈니스를 빠르게 확장했고, 2021년 기준 약 25만 이상의 고객사를 확보하고 있다. 그 중의 대다수는 스타트업으로 구성되어 있지만 리프트Lyft, 넷플릭스Netflix, 에어비앤비, 델DELL, 왓츠앱Whatsapp 등 엔터프라이즈급의 기업도 포함되어 있다.

트윌리오는 코로나 확산으로 인한 에어비앤비, 리프트 등 주요 고객사가 속한 산업의 수요 감소에 맞물려 일시적으로 매출이 급감했었다. 하지만 코로나로 촉발된 디지털 트랜스포메이션과 음식 배달 산업과 같은 신사업의 성장에 힘입어서 다시 성장세로 전환했다.

트윌리오는 자사의 코로나19 보고서에서 디지털 트랜스포메이션의 속도가 평균 6년 정도 빨라짐에 따라 디지털 기반의 커뮤니케이션 도입이 가속화될 것이라고 밝혔다. 트윌리오의 성장세는 지속될 것으로 보인다는 뜻이기도 하다.

핵심 인물은?

트윌리오의 창업자인 제프 로슨Jeff Lawson은 개발자 출신 CEO이다. 그는 소프트웨어 개발 능력이야말로 비즈니스의 핵심이라고 지속해서 주장해온 사람으로 2021년 초《Ask Your Developer》라는 책을 출간하면서 화제를 일으키기도 했다.

트윌리오의 CEO 제프 로슨

　그는 미시간대학교에서 컴퓨터공학과 특이하게 영화를 복수 전공했던 학생으로 중학생 때부터 동영상 촬영 및 편집 사업을 하면서 돈을 벌었고 대학교에 와서는 프로그래밍을 통해서 돈을 벌었던, 일찍이 사업 및 IT 모두에 최적화된 사람이었다.

　그래서인지 그는 대학생 시절에 이미 벌시티닷컴Versity.com이라는 대학교 강의 노트를 공유하는 회사를 창업해 경쟁사에 매각했다. 졸업 이후에는 아마존에서 일을 하면서 AWS 개발 프로젝트에 참여했다. 그는 AWS를 보면서 기존에 자신이 경험한 사업과 개발을 서비스 형태로 제공할 수도 있겠다는 생각을 처음 가졌다고 한다. 이는 이후에 트윌리오의 창업으로 이어지게 된다.

　때마침 스마트폰의 등장과 함께 로슨은 커뮤니케이션 서비스 시장의 성장 가능성을 발견한다. 그는 친구인 에반 쿡크Evan Cooke, 존 월튀스John Wolthuis와 함께 논의 끝에 피자박스 뒤편에 작성한 사업 계획을 바탕으로 커피숍에 같이 앉아 트윌리오의 프로토타입을 AWS에 올리고 테스트를 진행하게 된다.

성공적인 프로토타입 테스트 이후에 제프 로슨은 본격적으로 사업에 몰입하기 시작했다. 이후에 에반 쿠크는 백악관 기술부서로 이동했지만 존 월튀스는 트윌리오 경영에 참여했고, 지금도 주요 인물로 트윌리오에 재직 중이다.

사업의 성공 가능성을 확인한 그들은 투자자를 찾아다니기 시작한다. 하지만 당시 트윌리오의 주요 서비스 형태인 API에 대해서 많은 투자자들은 비즈니스가 아닌 개발자를 위한 상품은 가치가 없다면서 투자를 거부했다. 그러나 이미 개발을 통해서 성공을 맛보았던 최초의 스프레드시트 개발자 미첼 카포르Mitchell Kapor, 우버 투자로 돈을 벌었던 구글의 전 직원이자 벤처 투자자 크리스 사카Chris Sacca 등이 투자를 집행하게 되면서 트윌리오는 빠른 속도로 성장할 수 있게 된다.

2016년 뉴욕증권거래소 상장을 축하하는 트윌리오 경영진들

어떤 회사들과 경쟁하나?

트윌리오의 경쟁사는 상당히 많다. B2B 사업은 특성상 비즈니스 환경 속에서 어느 정도 안정적인 규모와 수익성을 보장해주기 때문이다. 뿐만 아니라 고객 커뮤니케이션 기능의 경우 너무 자주 변해도 고객 경험에 부정적인 영향을 줄 수 있고, 오랜 시간 누적된 노하우가 있기 때문에 한 번 특정 회사의 서비스를 이용하기 시작하면 바꾸기 어렵다.

따라서 최대한 많은 고객사를 선점하기 위해 많은 경쟁사들이 음성이면 음성, 비디오면 비디오 등 특정 고객 커뮤니케이션 기능에 집중해 점유율을 확보하려고 노력한다. 게다가 API 서비스의 특성상 문화적 장벽이 존재하지 않는다. 그래서 트윌리오의 경쟁자는 전 세계에 걸쳐 있다.

대표적인 회사 중 하나로 메시지버드MessageBird가 있다. 메시지버드는 2011년에 설립된 스타트업으로 2020년에 30억 달러에 달하는 기업 가치를 인정받아 2억 달러(약 2,419억 원)를 투자 유치했고 루프트한자 항공Lufthansa Airlines, 하이네켄Heineken, 휴고보스Hugo Boss, 리츄얼스 코스메틱Rituals Cosmetics, 에스에이피SAP, 우버, 글로보Glovo, 헬로프레시HelloFresh, 딜리버루 등 유럽 기반의 다양한 기업을 고객으로 관리하고 있다.

트윌리오처럼 API 기반으로 음성 및 SMS 커뮤니케이션 사업을 주력으로 하는 보네이지Vonage, 플리보Plivo, 인포빕Infobip, 협업 측면에서 사용자 커뮤니케이션 및 회의용 소프트웨어를 개발하는 비됴Vidyo, 고객센터 소프트웨어를 개발하는 알바리아Alvaria, AI 기반 대화식 음성 응답, 대화형 AI 서비스를 제공하는 플럼 보이스Plum Voice 등 텍스트에서 음성, 그리고 영상까지 커뮤니케이션 방식이 점차 확대됨에 따라 많은 경쟁사들이 시장에 존재한다.

커뮤니케이션 API를 제공하는 '메시지버드'는 다수의 유럽 기반의 고객을 관리한다.

한국인이 실리콘밸리에서 창업한 것으로 잘 알려진 B2B 채팅 서비스 스타트업 샌드버드Sandbird 역시 트윌리오의 경쟁자라고 볼 수 있다. 샌드버드는 자사의 홈페이지에 이미 트윌리오와 기능을 비교해서 올려놓았다. 다만 샌드버드는 인앱챗in-App Chat에 초점을 맞추는 데 반해 트윌리오는 음성, 화상, 텍스트 등 고객과의 전 방위 커뮤니케이션을 커버하고 있다는 점이 다소 차이가 난다.

디지털 기술이 생활에 자연스럽게 결합이 되면서 이제 대다수의 고객은 개인화를 중요시하면서 동시에 사회에 연결되길 원한다. 이런 상황 속에 좋은 고객 경험(UX, User Experience)을 제공할 수 있는 커뮤니케이션 채널의 중요성은 계속 강조될 것이고 트윌리오가 있는 시장은 앞으로 더 많은 경쟁사가 출현할 것으로 보인다.

지금 '트윌리오'를
주목해야 하는 이유

2020년 10월, 트윌리오는 스타트업 세그먼트Segment를 32억 달러(약 3조 6,800억 원)에 인수했다. 세그먼트는 마케팅 관련 고객 데이터를 관리하고 통합하는 솔루션을 서비스하는 스타트업이다. 트윌리오는 세그먼트 인수를 통해 단순히 API 제공을 넘어 여기서 얻은 데이터를 통해 고객 경험을 관리하고 솔루션을 최적화하려는 움직임을 보이고 있다. 플랫폼으로의 기능을 데이터 수집부터 활용까지 가치사슬 전반부에 걸쳐 기능을 다양하게 제공함으로써 고객을 최대한 트윌리오 안에 잔존시키려고 하는 것이다.

이런 트윌리오의 움직임을 보면 2019년 즈음 한 때 화제가 되었던 《디커플링》이란 책을 연상시킨다. 책의 저자 탈레스 S. 테이셰이라Thales S. Teixeira 하버드대학교 교수는 신흥기업들은 기존 기업의 가치사슬 중 일부를 끊고 들어감으로써 시장에 진입할 수 있다고 주장한 바 있다.

트윌리오 역시 개발자의 관점에서 핵심 서비스가 아니라고 판단된 고객 커뮤니케이션 부분을 공략함으로써 시장에 안착하는 데 성공했다. 이후 시간이 흘렀고, 하나의 고객 가치사슬이 구체화되자 다시 그렇게 구축한 고객 가치사슬에 많은 스타트업이 뛰어들어서 디커플링을 시도하는 것이다.

뿐만 아니라 엔터프라이즈 고객들도 역시 비용 효율화 측면에서 트윌리오로부터 벗어나려는 움직임이 지속되고 있는 상황이다. 왓츠앱과 같은 기업이 대표적이다. 뿐만 아니라 코로나로 피해를 본 기업들은 점차적으로 비용 효율화를 꾀할 것이기 때문에 이러한 움직임은 트윌리오에게 좋지 않은 흐름이다.

다행인 것은 코로나로 수혜를 입은 배달 플랫폼 기업들은 역으로 고객 커뮤니케이션을 안착시키기 위해 트윌리오를 적용했다는 것이다. 덕분에 트윌리오는 매출 하락세를 뒤집고 상승세로 돌아섰다. 하지만 이러한 상승세는 경제 재개(Reopening)와 맞물려서 둔화될 것으로 보인다.

이런 기업들을 고객으로 맞이하게 됨에 따라서 트윌리오의 고객 산업 포트폴리오는 다양화되어 한동안은 안정적으로 성장할 것으로 보이나 코로나가 소강국면에 접어드는 시점에서 경제가 안정화되면 고객의 오프라인에서의 소비심리 분출은 디지털 트랜스포메이션을 잠시 흔들어놓을 수 있는 기제로 작용할 것으로 보여 트윌리오에게 좋지 않은 영향으로 미칠 수 있다.

따라서 배달플랫폼 등 코로나 수혜를 받은 기업들이 현재의 성장추세를 어떻게 가져갈지는 트윌리오의 미래 전망에 주요한 변수 중 하나가 될 것이다.

여기에 최근에 등장한 긍정적인 변수가 있다. 바로 애플 운영체제인 iOS의 개인정보 처리방침 변경이다. 애플은 2020년 3분기부터 고객이 모바일 기기에 부여하는 고유한 식별값, IDFA(Identifier for Advertisers)를 앱들과 공유를 거부할 수 있는 선택권을 제공했다. 이로 인해서 메타(전 페이스북)는 주요 비즈니스 모델 중 하나였던 맞춤형 광고를 제공하는 데 어려움을 겪었고 이는 바로 영업 이익 및 주가 하락으로 이어졌다.

여기에 덧붙여 구글 역시 애플과 비슷한 형태로 제3자에 대한 개인데이터 공유를 막을 예정인 것이 알려짐에 따라 광고 시장의 판도가 크게 흔들릴 것으로 보여, 자사 내부에 직접 데이터를 적재하고 고객 관리에 대한 니즈는 반대급부로 증가할 것으로 보인다.

이러한 상황은 트윌리오에게는 희소식이라고 볼 수 있다. 앞서 언급한 바와 같이 트윌리오는 2020년에 고객 데이터 플랫폼(CPO)의 대표기업 중 하나인 세그먼트를 인수했다. 그리고 21년 10월에 자사의 제품과 세그먼트를 통합한 플랫폼 인게이지Engage를 선보인 바 있다.

트윌리오의 커뮤니케이션 서비스를 사용하고 있는 고객은 손쉽게 트윌리오의 인게이지를 통해 고객 데이터를 통합하고 관리할 수 있는 상황이 된 것이다. 트윌리오가 이러한 상황을 잘 활용해서 대고객 커뮤니케이션 시장뿐만 아니라 고객 데이터 플랫폼 시장까지 확장할 수 있다면 비즈니스를 안정적으로 성장시킬 수 있는 발판을 마련하게 될 것이다.

어느 때보다 서비스는 상향평준화되면서 기능면의 차이보다는 고객 경험의 차이로 승부를 봐야 하는 상황이다. 고객 커뮤니케이션 시장은 그 중에서도 고객 경험이 중시되는 시장으로, 이 시장에 트윌리오가 잘 안착하고 확장할 수 있다면 안정적이지만 지속가능한 성장세를 보여줄 수 있을 것으로 예상한다.

쇼피파이
Shopify

핵심 요약

- 2006년 캐나다에서 탄생한 쇼피파이는 토비아스 뤼트케가 창업한 스타트업이다. 창업자가 직접 쇼핑몰을 만들어본 경험을 바탕으로 창업하였으며 쇼핑몰 관련 엔드 투 엔드 서비스를 제공하고 있다.

- 아마존이나 이베이와 달리, 쇼피파이는 사업자가 쇼피파이의 서비스를 이용해 자사의 쇼핑몰을 독립적으로 운영할 수 있도록 지원한다.

- 쇼피파이는 온오프라인 채널의 통합 물류 서비스 등 서비스 범위 확대를 통해 전자상거래에서 우위를 지속 유지해 나갈 것으로 기대된다.

한눈에 살펴보기

회사명	Shopify Inc.
설립연도	2006년
본사	캐나다 오타와
홈페이지	www.shopify.com
상장일	2015년 5월 21일
심볼	SHOP
거래소	NYSE
분야	Technology
업종	Software—Application

어떤 사업을 하는가?

쇼피파이는 전자상거래 산업에서는 시가총액 기준 아마존에 이어 2위인 커머스 관련 사업자다. 쇼피파이는 쇼핑몰 구축부터 결제까지 가능한 플랫폼을 제공하는 기업으로 국내에서는 카페24와 유사한 기업이라고 볼 수 있다. 직매입이나 위탁 판매를 하지 않는 부분까지 감안하면 유사한 비즈니스모델을 가지고 있다.

쇼피파이는 독일계 캐나다인인 토비아스 뤼트케Tobias Lutke가 창업한 기업으로 주로 캐나다와 미국을 중심으로 사업을 전개해왔고 2022년 1월 기준 175개의 국가에서 사업을 진행하는 다국적 기업으로 성장했다.

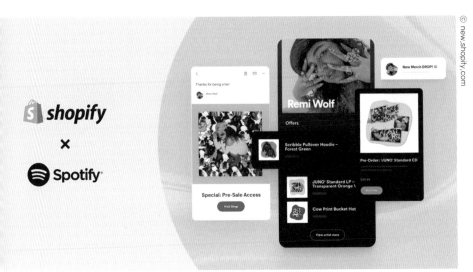

© new.shopify.com

쇼피파이와 스포티파이의 협업

1. 온라인커머스 솔루션 제공

아마존, 이베이, 옥션 같은 기존 전자상거래 사이트에서는 판매자와 구매자 사이에서 플랫폼이 중개하는 형태가 일반적이었던 데 반해, 쇼피파이는 솔루션을 제공하는 쪽에 집중했다. 사용자가 쇼피파이에서 자신의 판매 페이지를 만들고 직접 판매가 가능하다. 기본적으로 자사몰을 운영하면서 쇼피파이의 솔루션을 쓸 수 있도록 제공하는 데 비즈니스의 초점이 맞춰져 있다. 자사몰에 필요한 위치에 하나의 스크립트 형태로 쇼피파이를 사용할 수 있다는 것이다. 이는 타사와의 대표적인 차별점이라고 볼 수 있다.

이 부분은 페이팔도 제공하는 서비스였으나 쇼피파이는 페이팔이 거래의 성공·실패 여부와 상관없이 수수료를 부과하는 부분을 파고들었다. 쇼피파이는 결제 취소에 대한 수수료를 부과하지 않으면서 페이팔과 차별점을 두었고 급격하게 성장하기 시작했다.

나아가 배송 추적, 결제 영수증 관리 등 최소한의 액션을 통해 쇼핑몰에서 물건을 구매하고, 또 물건을 판매할 수 있게 했다. 이처럼 사용자 경험을 최대한 배려한 부분에서 경쟁사 대비 차별점을 만들었고 이는 성장의 원동력으로 이어졌다. 최근에는 직접 물류 보관 및 배송까지 서비스를 확대하려는 모습을 보여주면서 성장을 더욱 가속시키려는 움직임을 보이고 있다.

핵심 인물은?

쇼피파이의 핵심 인물은 공동창업자이자 대표이사를 맡아 회사를 운영하고 있는 토비아스 뤼트케다. 그는 소위 학교에서 눈에 띄는 학생은 아니었다. 독일에서 태어난 그는 공부에 관심이 없었다. 그래서 한국의 실업계 고등학교와 유사한 레알슐레에서 학창생활을 보냈는데 그마저도 졸업하지 못하고 중퇴했다.

토비아스 뤼트케는 자신의 어린 시절에 대해 반항아적인 기질이 강해 누군가의 의견을 따르는 것을 싫어했었다고 밝혔다. 대신 그가 그나마 좋아했던 것은 프로그래밍이었다. 직업학교(Koblenzer Carl-Benz-School)의 견습 프로그램을 다니면서 프로그래밍을 배웠고, 다른 여유시간에는 게임을 즐겼다.

그가 가장 많이 했던 게임은 MMORPG(대규모 다중 접속자 온라인 역할수행 게임)인 애쉬런즈콜Asheron's Call이었다. 그 게임에서 뤼트케는 평생의 반려자인 피오나 맥킨Fiona McKean을 만나게 된다. 그리고 그는 운명적인 결정을 하게 된다. 바로 피오나의 석사과정을 위해 함께 캐나다에 가

쇼피파이의 창업자 토비아스 뤼트케

기로 결정한 것이다. 언어도, 기반도 준비되어 있지 않아 쉽지 않은 결정이었지만 그는 과감히 이민을 결정한다. 그리고 거기서 피오나 아버지의 친구인 스콧 레이크Scott Lake를 만나게 된다. 운명적인 만남이었다. 이후 그는 쇼피파이의 공동 창업자가 되었기 때문이다.

레이크는 뤼트케와 이민을 위한 방안의 하나로 사업을 논의하던 중, 두 명 모두 좋아하던 스노우보드의 아이템을 팔 수 있는 쇼핑몰을 구축하기로 마음먹는다. 뤼트케는 직업학교 때 배웠던 프로그래밍 실력을 발휘해 처음부터 끝까지 쇼핑몰을 직접 개발하고 구축한다. 이 과정에서 그들은 기존 쇼핑몰에서 자신들이 느꼈던 문제를 해결해 나가면서 쇼핑몰을 만들어나갔다. 이후 쇼핑몰을 런칭하고 그럭저럭 운영이 되었지만, 많은 고객들이 스노우보드 관련 물품보다는 쇼핑몰 시스템과 시스템 자체를 더 원한다는 사실을 알게 되었다. 그래서 뤼트케와 레이크는 기존 사업 아이템을 포기하고 사업 방향을 전환하기로 결정한다. 쇼피파이의 시작이었다.

어떤 회사들과 경쟁하나?

쇼피파이가 경쟁하는 전자상거래 시장은 빠르게 성장하고 있다. 전 세계 전자상거래 시장 규모는 2021년 기준 약 2조 6,996억 달러(약 3,423조 3,620억 원)였으나 2025년에는 3조 4,553억 달러(약 4,380조 9,750억 원)까지 성장할 것으로 예상된다. 코로나 사태는 비대면 업무 및 생활로의 전환을 요구했고, 디지털 전환을 더욱 가속화했다. 자연스럽게 이 시장을 노리고 들어오는 경쟁사 역시 매우 많아진 상황이다.

선두 업체로서 쇼피파이는 판매자가 자사 서비스를 통해 비즈니스를 계속 이어나갈 수 있도록 사업을 지속적으로 강화하고 있다. 2019년에는 풀필먼트Fulfillment(물류 일괄 대행 서비스) 및 물류 관련 회사인 6 리버 시스템스6 River Systems를 인수 후 쇼피파이 풀필먼트 네트워크Shopify Fulfillment Network를 출시하면서 물류네트워크를 구축해 아마존과 전면 경쟁에 돌입했다. 나아가 B2C(Business-to-Consumer) 마켓플레이스인 샵

'스퀘어스페이스' 홈페이지

Shop을 출시하면서 DTC(Direct-to-Consumer) 채널을 위한 솔루션에서 유통업의 종합 운영체제로 진화하는 모양새이다.

하지만 여기에 고객 가치사슬(기업활동에서 부가가치가 생성되는 과정)의 디커플링(탈동조화)을 노리고 뛰어드는 다양한 스타트업들은 쇼피파이를 전방위로 끊임없이 위협하고 있다. 커머스 플랫폼과 웹사이트 빌더를 제공하는 윅스Wix, 스퀘어스페이스Squarespace 등은 쇼피파이의 웹 사이트 템플릿의 경쟁업체로서 화려하면서도 빠른 구축을 내세우며 경쟁에 뛰어든 상황이다.

빅 카르텔Big Cartel, 우커머스WooCommerce 등 SMB(중소상공인)를 타깃으로 커머스 플랫폼을 제공하는 스타트업들도 니치마켓(틈새시장)을 두고 시장 점유율 확대를 꾀하고 있다

이렇게 전자상거래의 앞단을 두고 많은 회사들이 쇼피파이와 경쟁하고 있다면 뒷단에서 스퀘어Square 같은 결제 플랫폼 회사는 온라인, 오프라인 결제시장을 통합하려고 시도하면서 쇼피파이 본진을 공격하고 있다.

특히 스퀘어는 0~72달러까지 다양한 결제옵션을 제공하면서 가격우위를 통해 시장을 넓히려 하고 있다. 이 뿐만 아니라 고객들로 하여금 쇼피파이를 알고 사용할 수 있도록 적극 광고매체로 활용하던 페이스북도 자체 온라인 상점 전문 서비스 샵스Shops를 오픈하면서 전자상거래 시장으로 진입하기 위해 눈독을 들이고 있다.

지금 '쇼피파이'를
주목해야 하는 이유

쇼피파이가 속한 전자상거래 시장은 전 세계적으로 현재 가장 치열한 경쟁이 펼쳐지고 있는 곳이다. 전통적인 기업이 만들어온 사입, 제조부터 결제, 배송까지 이어지는 고객 가치사슬은 디지털 트랜스포메이션Digital Transformation과 함께 세분화되면서 각 단계별로 치열한 경쟁이 펼쳐지고 있다.

광고, 결제, 커머스, 유통, 배송 등 각 단계별로 시장이 크게 형성되고 지난 몇 년 사이 코로나 사태와 맞물려 대규모 투자 아래 성장해온 기업들이 있다. 한국에서는 마켓컬리, 배달의민족, 쿠팡 등이 그러한 케이스다. 하지만 올해는 코로나도 해소 국면에 접어들면서 지난 몇 년간 투입된 대규모의 투자금액을 회수할 수 있을지 수익성이 가장 주된 관심사가 될 것이다.

따라서 기업들은 수익성을 개선하기 위해 기존에 주력하던 고객의 가치사슬 단계를 넘어 다른 단계로까지 확장을 시도하고 있다. 음식 배달을 주력으로 하던 도어대시가 퀵커머스를 통해 상품군을 확대하는 것이 대표적인 사례라고 볼 수 있다. 한마디로 말하자면 가치사슬 단계별로 분리되어 있던 시장의 재통합을 위한 춘추전국시대가 열리는 것이다.

이러한 흐름과 맞물려 최근에는 퀵커머스의 대표적인 기업 중 하나인 고퍼프가 2022년 IPO를 선언했으며, 원클릭 결제(One-Click Checkouts)를 서비스하는 핀테크 스타트업인 볼트 파이낸셜Bolt Financial이 공격적으로 대규모 투자유치를 통해 시장을 확장하는 모습을 보여주고 있다. 이러한 형세를 볼 때, 한동안 치열한 경쟁이 지속될 것임을 짐작할 수 있다.

쇼피파이는 이런 시장에서 앞서 언급한 바와 같이 유통업의 종합 솔루션 회사로 진화하기 위해 대규모 투자를 연달아 집행하고 있다. 확장을 위해 상당한 양의 투자금을 소비한 기업은 다시 경쟁에 돌입해야 하는 순간을 맞이하게 되었다. 동시에 과거 어느 때보다 수준이 높아진 고객 경험을 디자인하기 위해서 노력하는 상황이다.

덧붙여 BNPL(Buy Now Pay Later) 등 기존과는 차별화된, 공격적이며 다양한 트렌드에 대해 대항하되, 수익성까지 모두 잡아야 한다. 커져버린 기업을 스타트업처럼 빠르게 움직일 수 있도록 유지하기 위한 조직문화 역시 고려해야 할 숙제다. 현재 전자상거래 시장은 엄청난 변화를 감당해야 하는 곳임에는 틀림없다. 그나마 다행인 것은 쇼피파이가 점유하고 있는 중소상공인 전자상거래 시장은 B2B의 특성상 한 번 특정 솔루션을 사용하면 타 솔루션으로 교체가 어렵기 때문에 잔존율 관리만 잘 된다면 시장의 판도가 쉽게 바뀌지 않는다는 것이다. 이러한 특성은 쇼피파이가 가지고 있는 경제적 해자垓子로서 경쟁자들 대비 우위로 작용할 것으로 보인다. 워런 버핏은 본인의 주요 투자 전략 중 하나로서, 경제적 해자를 언급한 바 있다. 경제적 해자는 중세시대 적이 침입하지 못하도록 성벽 앞에 판 도랑을 말하는 것으로, 그는 기업의 독점적 경쟁력을 경제적 해자에 비유해 설명했다.

거시적 관점에서는 최근 들어 인플레이션을 통제하기 위해 금리 인상이 강력하게 예측되고 있는 부분을 주시할 필요가 있다. B2B의 특성상 내부 핵심 인프라를 교체하는 것도 상당한 리스크이며, 금리 인상으로 인한 비용 효율화가 요구되는 상황에서 SMB로 대표되는 중소기업들이 쇼피파이의 솔루션을 교체하기란 매우 어려운 선택으로 예상된다. 이러한 부분을 감안할 때 쇼피파이의 성장세를 꾸준히 유지할 수 있다면 이런 변화 속에서도 시장 선도자로서의 포지션을 유지할 수 있을 것으로 기대한다.

게다가 쇼피파이는 최근 들어 구글, 메타뿐만 아니라 애플, 로쿠Roku 등과의 파트너십을 통해 쇼피파이를 사용하는 고객이 결제 및 광고 등을 손쉽게 할 수 있도록 지원함으로써 기존 고객을 고정시키며 추가적인 비즈니스 기회를 창출하기 위해 노력하고 있다. 플랫폼이라는 것이 사실상 시장의 여러 참여자가 모여서 만들어낸 네트워크 효과를 바탕으로 유지되고 성장하는 만큼, 쇼피파이의 이런 노력들은 장기적으로 지속가능한 비즈니스를 예측하는 데 큰 도움이 될 것이다. 코로나가 점차 소강국면에 접어들면서 쇼피파이를 포함, 많은 커머스 기업의 주가가 하락하면서 조정국면에 들어섰다는 평가를 받고 있음에도 낙관적인 자세를 취할 수 있는 이유이기도 하다.

최근 발표된 21년 4분기 실적을 보면 쇼피파이는 거래액 및 매출 등 전반부에 걸쳐 두 자릿수 성장률을 기록하면서 시장의 기대에 지속해서 부응하고 있다. 이러한 사실에 비추어 볼 때 쇼피파이가 향후 아마존과는 다른 모습으로 글로벌 전자상거래 시장의 강자로서 긍정적인 미래를 예상할 수 있으며, 2022년에는 어떻게 기술적으로 그리고 비즈니스 모델 관점으로 고객 경험 및 수익률이라는 두 마리 토끼를 잡을 수 있을지 귀추가 주목된다.

어드밴스 오토 파츠

Advance Auto Parts

핵심 요약

- 1929년 설립된 어드밴스 오토 파츠는 자동차 부품과 액세서리를 판매하는 애프터마켓 기업으로 미국, 캐나다, 푸에르토리코 지역에 4,976개 지점을 운영하고 있다.

- 어드밴스 오토 파츠가 판매하는 자동차 부품은 일반 운전자를 위한 DIY 부품뿐 아니라 전문가가 설치해야 하는 DIFM(Do-it-for-me) 부품도 포함한다.

- 머지않아 펼쳐질 전기차 시대는 어드밴스 오토 파츠를 위협하는 가장 큰 리스크인데 전기차는 부품 구성이 내연 기관차 대비 상대적으로 간소하고 제조회사의 지원을 직접 받아야 할 필요가 크기 때문이다.

한눈에 살펴보기

회사명	Advance Auto Parts, Inc.	
설립연도	1932년	
본사	미국 노스캐롤라이나 롤리	
홈페이지	www.advanceautoparts.com	
상장일	2001년 11월 28일	
심볼	AAP	
거래소	NYSE	
분야	Consumer Cyclical	
업종	Specialty Retail	

어떤 사업을 하는가?

자동차가 필수품인 미국에는 연식이 오래된 자동차를 소유한 운전자들이 많다. 〈오토 케어 팩트북Auto Care Factbook〉에 따르면 미국 자동차의 80%가 4년 이상 된 차량들이며 평균 연식은 11.9년이다. 차량 한 대를 수리하는 데 들어가는 비용은 1년 평균 800달러 정도로, 자동차를 수리해야 할 경우가 많아 자동차 부품 시장도 그에 따라 상당한 규모를 자랑한다. 어드밴스 오토 파츠Advance Auto Parts(이하 AAP)는 이런 애프터마켓 시장을 리드하고 있는 대표 기업으로 S&P 500 지수 종목 중 하나다.

AAP의 사업을 이해하기 위해서는 고객이 누구인지 먼저 살펴볼 필요가 있다. AAP의 고객은 사업자와 일반 소비자, 두 종류로 나뉜다. 사업자

어드밴스 오토 파츠 매장 내부

고객은 자동차 수리점, 자동차 판매점 등을 운영하며, 일반 소비자는 자동차를 DIY(Do-it-yourself)로 직접 수리하려는 개인 고객이다.

이 중 사업자 고객은 2020년 AAP 전체 매출 중 57%, 2019년 매출에서는 60%를 차지할 만큼 중요하다. 사업자 고객은 AAP의 매장뿐 아니라 'my.advancepro.com'이라는 웹사이트를 통해 물건을 구매할 수 있다. 일반 소비자들도 오프라인 매장과 온라인 웹사이트 두 곳에서 부품을 구매할 수 있으나 사업자 고객과는 구별되는 다른 사이트(shop.advanceautoparts.com)를 이용해야 한다.

AAP는 고객들이 부품을 구매하는데 그치지 않고 자동차에 잘 설치할 수 있도록 여러 무료 서비스를 제공한다. 배터리, 와이퍼, 스타터 등이 잘 작동하는지 체크해주고, 렌치 등 도구를 빌려주는 프로그램도 운영한다. 부품 교체 방법을 상세하게 알려주는 비디오도 매장에서 구할 수 있다.

1. 사업자 서비스 및 일반 소비자 서비스

앞서 살펴본 두 그룹의 고객을 대상으로 AAP는 다음과 같은 4개 브랜드를 운영한다. 먼저 '어드밴스 오토 파츠'는 AAP의 대표 브랜드로 미국 전역에서 쉽게 볼 수 있다. 2022년 6월 기준 5,746개 매장이 있으며 사업자 고객과 일반 고객 모두를 상대한다. 주차장을 포함한 개별 매장 면적은 평균 216평으로 상당히 여유로운 편이다. 매장이 보유하고 있는 부품 개수는 약 2만 1,000개이며 각 지역별로 허브 역할을 하는 대형 매장은 보다 많은 수량의 부품을 보유하고 있다.

오토파트 인터내셔널Autopart International은 일반 고객이 아닌 사업자 고객만을 대상으로 하는 브랜드로 뉴욕, 펜실베이니아 등 동부 지역을 중심으로 161개 매장이 있다. 이름에서 알 수 있듯, 주로 수입차용 부품이나 고급 브랜드들을 취급하며 매장마다 약 4만 7,000개의 부품을 비축하고 있다.

사업자 고객을 대상으로 하는 오토파트 인터네셔널 매장 외부

카퀘스트 매장 외부

카퀘스트Carquest는 원래 1974년에 설립된 자동차 부품 유통 네트
워크다. 당시 미국 전역에서 자동차 부품 시장이 커지자 보다 효율적인
사업을 위해 관련 사업자들이 결성한 네트워크다. 카퀘스트는 2014년
AAP에 인수됐으며 현재 미국에 213개 매장, 캐나다에 145개 직영 매장
이 있다. 카퀘스트라는 이름으로 운영하는 가맹점은 1,277개가 있다. 개
별 매장의 크기나 비축 물량은 어드벤스 오토 파츠와 유사하다.

마지막으로 170개 매장을 보유한 월드팩Worldpac은 주로 사업자 고객
만을 대상으로 한다. 온라인 주문을 빠르게 배송하는 풀필먼트 시스템
을 갖추고 있으며 개별 매장의 면적은 평균 700평으로 다른 브랜드 대
비 넓은 공간을 확보하고 있다. 비축해놓은 부품 개수도 약 20만 개에
달한다.

이처럼 AAP는 사업자 고객과 일반 고객 모두를 대상으로 북미 전역에 촘촘하면서도 다양한 형태로 공급망을 보유하고 있다. 오프라인과 온라인 주문 대응을 위해 51개의 물류센터를 별도로 운영 중이며 이를 기반으로 1,100여 개 파트너사들로부터 부품을 공급받는다.

2. 타 브랜드와 파트너십

AAP는 자사 매장을 통한 판매뿐 아니라 제휴를 통해 다른 파트너사의 매장에서도 자신들이 보유한 부품을 판매하는 전략을 구사한다. 일례로 2021년 9월 14일, 브리지스톤 타이어로 유명한 브리지스톤 리테일 오퍼레이션(Bridgestone Retail Operations, 이하 브리지스톤)에 AAP의 다이하드DieHard 배터리를 공급하는 계약을 맺었다. 다이하드 배터리는 온도가 높거나 낮은 극한 환경에서도 차 시동이 잘 걸리는 안정적인 배터리로 유명하다.

브리지스톤은 타이어 플러스Tire Plus, 휠 웍스Wheel Works, 히브돈 타이어 플러스Hibdon Tires Plus, 파이어스톤 컴플릿 오토 케어Firestone Complete Auto Care 등의 브랜드를 달고 미국에만 약 2,200여 개의 매장을 운영하고 있다.

이로써 AAP의 배터리가 AAP 자체 매장뿐 아니라 브리지스톤 고객들에게도 판매될 수 있는 창구를 확보하게 된 셈이다. 사후 관리에 인색한 다른 배터리 브랜드와 달리 다이하드 배터리 구매자들에게는 긴급출동과 무료 배터리 교체 등을 지원하는 다이하드 어슈어런스DieHard Assurance 서비스도 제공된다.

AAP의 CEO 톰 그레코

핵심 인물은?

　현재 AAP를 이끌고 있는 CEO는 톰 그레코Tom Greco다. 그레코는 2014년부터 2016년까지 펩시코PepsiCo 계열사 중 하나인 '프리토레이 (Frito-Lay North America)'의 CEO를 역임했다. 프리토레이는 레이스Lay's, 치토스Cheetos, 도리토스Doritos 등 유명 스낵 브랜드를 보유하고 있다.

　그레코는 스낵 제품 외에도 펩시코에서 수년간 다양한 리더십 포지션을 거친, 소매 유통에 전문성을 갖춘 인물이다. 자동차 부품이나 엔지니어링 분야에서 눈에 띄는 경력은 없지만 북미 지역을 대상으로 하는 대규모 소매 유통업에서의 관리 노하우가 그만의 강점이라 할 수 있다.

어떤 회사들과 경쟁하나?

미국 자동차 시장의 큰 규모에 비례하듯 AAP는 여러 회사들과 경쟁하고 있다. 데이터 회사 스크랩 히어로에 따르면 2020년 기준 미국 전역에는 자동차 부품 유통 매장은 2만 4,111개가 있다. 대표적으로 오토존AutoZone, 나파NAPA, 오라일리 오토모티브O'Reilly Automotive, 펩보이즈Pep Boys, 오토 플러스Auto Plus 등의 회사가 있다. 이 중 오토존이 가장 큰 규모의 회사로 5,914개 매장을 갖고 있다.

아마존도 아마존베이직AmazonBasics이라는 브랜드로 자동차 부품 시장에 뛰어들었는데 2018년에서 2019년 사이 판매량이 3배가 뛰었다. 기존 오프라인 중심 회사들 입장에서 아마존이 큰 위협이 되고 있음을 알 수 있다. 다음 그래프는 자동차 부품 유통 회사 상위 8곳의 매장 규모를 보여준다.

미국 자동차 부품 유통회사 매장 순위

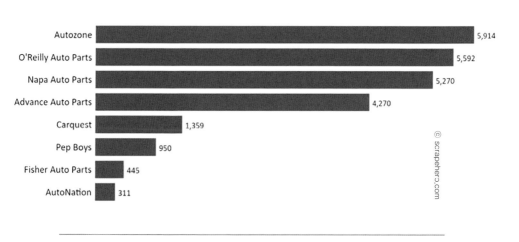

미국 최대 자동차 부품 유통회사인 오토존

어드밴스 오토 파츠 및 경쟁사들은 여러 회사가 만든 자동차 부품을 판매하는 유통업이 메인 사업이다. 따라서 매장에서 판매하는 제품은 대동소이하며, 자동차 제품을 미국 전역에 얼마나 넓게 유통시킬 수 있는지, 즉 유통력이 중요한 경쟁력이라 할 수 있다. 그래서 매장 수를 비교하는 것이 각 회사를 비교하는 중요한 지표가 된다.

아래 두 지도는 오토존과 AAP의 매장 분포를 비교할 수 있다. 두 회사 모두 동부 지역에 매장이 몰려 있는 반면 서부 지역에서는 오토존의 매장 수가 월등히 많다.

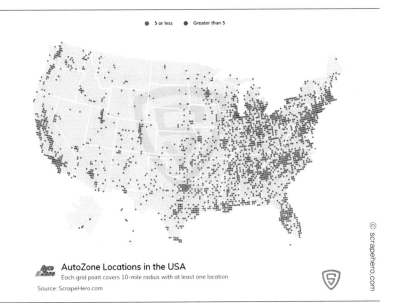

AutoZone Locations in the USA
Each grid point covers 10-mile radius with at least one location
Source: ScrapeHero.com

오토존의 매장 위치

AAP의 매장 위치

Advance Auto Parts Locations in the USA
Each grid point covers 10-mile radius with at least one location
Source: ScrapeHero.com

지금 '어드밴스 오토 파츠'를
주목해야 하는 이유

이상 살펴본 것처럼 AAP는 미국 자동차 부품 시장에서의 유통 경쟁력과 전략적 파트너십을 강화하고 온오프라인 판매를 확대하고 있다.

AAP가 2021년 8월 24일 진행한 2분기 실적발표에 따르면, 코로나 상황은 AAP의 매출 성장에 기여한 측면이 크다. 글로벌 반도체 부족 사태에 따른 신차 출고 지연과 미 정부의 코로나 지원금 등이 맞물려 중고차를 사는 사람들이 폭발적으로 늘었기 때문이다. 여기에 재택근무를 하는 직장인들이 집에서 차를 스스로 고치며 AAP를 찾는 소비자들도 증가했다. 많이 팔린 부품으로는 브레이크 오일, 엔진 오일, 필터 등이었으며, 미 서부지역에서의 판매량이 눈에 띄게 늘었다. 올해 상반기에는 카퀘스트 독립 매장만 28개, 월드팩 매장 6개 등을 새롭게 열기도 했다.

DIY 부분의 성장은 AAP 입장에서 반가운 일이지만, 반대로 차량 정비소를 찾는 소비자가 줄었다는 뜻도 된다. 그 결과 AAP 매출의 상당 부분을 차지하는 사업자 고객들로부터의 매출이 올해 2분기 감소했다. 향후 단기간에 AAP가 집중할 분야는 일반 소비자를 위한 온라인 채널과 오프라인 채널의 통합이다. 흔히 '옴니채널omnichannel'이라 부르는 이 전략은 소비자가 온라인이나 오프라인 중 어디서 부품을 결제하더라도 데이터가 통합 관리되고 빠르고 편리한 구매를 가능하게 해준다.

그러나 앞으로 펼쳐질 전기차 시대는 AAP의 최대 리스크다. 전기차는 부품 구성이 내연 기관차 대비 상대적으로 간소하고 제조회사의 도움을 직접 받아야 할 필요가 크기 때문이다.

이에 대해 CEO 톰 그레코는 최근 CNBC와의 인터뷰에서 AAP는 전기차를 위한 기술과 인프라를 지난 수년에 걸쳐 준비하고 있으며, 전기차들도 브레이크나 와이퍼 등 자동차가 기본적으로 갖춰야 할 부품들이 필요한 만큼 AAP에게 큰 위협은 되지 않을 것이라고 밝혔다. 전기차가 가져올 자동차 부품 유통업의 근본적인 변화에 AAP가 어떻게 대처할지 지켜볼 필요가 있다.

노바티스
Novartis

⚡ NOVARTIS

─────────── **핵심 요약** ───────────

● 1996년 스위스 바젤에서 설립된 노바티스는 2022년 제약회사 시가총액 기준
세계 8위의 기업이다.

● 이미 출시된 오리지널 의약품의 공개된 기술을 이용해 만드는 제네릭 의약품과
바이오시밀러뿐만 아니라 심장, 신장 및 대사 질환 분야, 안과 질환 분야, 중증
호흡기 질환 분야, 중추신경계질환 분야, 이식면역 및 피부질환 분야, 항암제 분
야에 걸쳐 신약 개발을 통한 특허도 다수 보유하고 있다.

● 세계에서 가장 활발하게 신약 개발 결과를 내고 있으며, 다양한 벤처 기업을 인
수하고, 신기술을 확보하는 전략을 통해 제약 분야에서 안정적인 지위를 계속
유지할 것으로 예상된다.

한눈에 살펴보기

회사명	Novartis AG
설립연도	1996년
본사	스위스 바젤
홈페이지	www.novartis.com
상장일	2000년 5월 11일
심볼	NVS
거래소	NYSE
분야	Healthcare
업종	Drug Manufacturers-General

어떤 사업을 하는가?

노바티스Novartis는 스위스의 화학기업 시바-가이기Ciba-Geigy와 산도스Sandoz의 합병으로 1996년 스위스 바젤에서 설립되었다. 현재 약 10만 8,000명의 직원을 두고 있으며 2000년에 뉴욕 증권 거래소에 상장되었다.

1. 혁신 의약품 및 제네릭 의약품 생산

독립 특허를 보유한 혁신 의약품과 '복제약'으로도 불리는 제네릭 의약품을 생산하고 있다. 기타 사업 부문으로는 전 세계 6,000명 이상의 과학자와 의학 전문 인력이 근무하는 핵심 R&D 기관인 노바티스 생명

스위스 바젤에 위치한 노바티스 본사

의학연구소(NIBR, Novartis Institues for BioMedical Research), 제조 전담 조직인 노바티스 기술 운영본부(Novartis Technical Operations)가 있다.

그 밖에 회사 자체의 비즈니스 효율을 높이기 위한 지원 조직인 노바티스 비즈니스 서비스Novartis Business Services 부문이 있다. 이 중 NIBR 은 노바티스의 핵심 기관으로 미국, 스위스, 중국에 총 6개의 캠퍼스로 구성되어 있다.

지금까지 노바티스는 전 세계에서 판매되는 주요 약품의 특허를 50개 이상 보유하고 있다. 대표적으로는 심혈관 대사성 질환(Cardio-Metabolic), 안과 질환(Ophthalmology), 호흡기 질환(Respiratory), 중추 신경계 질환(Neuroscience), 이식 면역 및 피부 질환(Immunology/

Dermatology), 항암제(Oncology), 세포 및 유전자 치료제(Cell and Gene Therapy) 분야를 다루고 있다.

한편 노바티스는 제약뿐 아니라 의료기기 연구개발 및 제조도 하고 있다. 제약 부문, 알콘(안과부문), 산도스(제네릭 및 바이오시밀러 의약품), 총 세 가지 선도적 사업 분야로 선정해 운영해왔다. 제품 포트폴리오가 매우 광범위해 안정적으로 사업을 유지해왔다는 특징이 있다.

그러나 최근에는 혁신 의약품 분야에 '선택과 집중'을 하려는 움직임을 보이고 있다. 2019년에 알콘 안과 사업부를 매각하고, 이어 지난 10월에 3분기 실적 공개와 동시에 산도스 사업부에 대한 전략적 검토를 개시했다고 발표했다. 이는 제네릭 분야 경쟁이 치열해지면서 영업이익 하락이 가속화되었기 때문이다. 따라서 주주 가치를 가장 극대화하는 방법을 결정하기 위해서 산도스 사업을 유지하는 것부터 분리하는 것까지도 고려 중이다. 그렇게 되면, 세 가지 선도 사업 분야 중 '혁신 제약' 부문에 집중하게 되는 모양새이다.

노바티스 연구진들이 의약품 개발하는 모습

© novartis.co.kr

이는 다른 보고서를 통해서도 드러난다. 글로벌 제약산업 시장조사기 관인 이벨류에이트 밴티지Evaluate Vantage의 보고서에 따르면, 노바티스 는 최근 가장 적극적으로 신약 출시를 하고 있는 제약사로 평가 받는다. 노바티스는 지난 5년 동안 유전자 치료제 '졸겐스마'와 CAR-T 세포 치 료제 '킴리아'를 포함해 12개의 신약을 승인 받아, 최근 세계에서 신약 승인을 가장 많이 받은 제약회사로 기록되었다.

핵심 인물은?

노바티스의 CEO 바스 나라시만Vas Narasimhan은 1976년 미국 피츠버 그에서 출생한 인도계 미국인이다. 시카고대학교에서 생물학 학사 학위 수여 이후 하버드대학교 케네디 스쿨에서 공공정책 석사 학위를 취득했 으며, 미국 하버드 의대에서 의학박사 학위를 받았다.

이후 글로벌 컨설팅 회사인 맥킨지McKinsey & Company에서 커리어를 시작했고, 노바티스에는 2005년 집행위원회 위원으로 합류했다. 이후 의 약품 개발을 총괄하는 CMO 자리에까지 오른 후, 2017년 노바티스의 CEO가 되었다. 2015년에는 〈포천〉이 선정하는 영향력 있는 젊은 리더 격인 '40세 미만 리더 40인' 중 7위에 랭크된 바 있다.

노바티스의 CEO가 된 이후에는 R&D를 바탕으로 혁신 의약 분야를 성장시키기 위한 목표로 회사를 이끌고 있다. 이를 위해 신약을 개발하 고, 약효와 안전성을 테스트하는 노동 집약적 과정에 인공지능과 원격진 료, 자동화는 물론 양자 컴퓨팅 기술까지 적용하는 등 공격적이고 미래 적인 행보를 이어가고 있다.

노바티스의 CEO 바스 나라시만

    이를 위해 나라시만은 집중력을 분산시킨다고 판단되는 분야의 사업부를 매각하고, 신약 개발에 도움이 될 벤처기업을 인수하는 패턴을 이어왔다. 이 일환으로 지난 2018년 GSK와 소비자 건강 합작 투자 지분을 정리한 데 이어 2019년에는 안과 사업부인 알콘도 독립시켰으며, 2021년 11월에는 노바티스가 지난 20년 동안 보유했던 스위스 바이오제약회사 로슈Rosche의 지분 약 33%도 처분했다. 2021년 말부터 제네릭 사업부인 산도스의 분리를 검토하고 있으나, 아직은 노바티스 그룹 산하 자회사로 제네릭 의약품과 바이오 시밀러 분야를 담당하고 있다.

    노바티스는 지난 2001년부터 장기 투자의 일환으로 50억 달러 규모의 로슈 보통주를 사들였다. 나라시만이 이끄는 노바티스는 중심적 전략 투자 이외의 사업을 정리하는 것으로 방향을 잡고, 투자금을 현금화했다. 그리고 고수익을 가져다주는 전문 의약품 분야에 집중하고 있다. 나라시만은 보다 간소화된 기업구조가 확실한 성공을 가져다준다고 여러 차례 강조해왔으며, 투자 전문 매체인 〈배런스Barrons〉와의 인터뷰에서 "자본과 에너지, 경영진의 관심을 첨단기술 분야에 집중할 것"이라고 밝혔다.

다만 이에 대한 평가는 엇갈린다. 나라시만이 CEO를 맡은 지난 4년 동안 매년 평균 7%씩 매출이 상승했고, 핵심 영업이익 역시 13%를 달성했다. 그러나 이는 혁신 의약품 분야에 국한된 것으로 평가된다. 주가 상승이 투자자들의 기대만큼 이뤄지지 않았고, 산도스 부문에서 매출 부진과 실적감소가 이어졌기 때문이다. 특히 특허를 보유하고 있는 주요 제품의 특허 만료 기간이 다가옴에 따라 잠재적으로 발생할 판매 손실 부분을 어떻게 보충할 수 있을지, 나라시만의 리더십은 시험대에 올라가 있다.

어떤 회사들과 경쟁하나?

제약 분야는 전통적인 제약회사들이 오랫동안 군림해오고 있다. 그중에서도 1886년에 설립된 존슨앤드존슨Johnson & Johnson과 1849년에 설립된 화이자Pfizer는 설립 시기와 사업 분야에 있어 노바티스와 자주 비교된다.

존슨앤드존슨은 미국에서 설립돼 초기에는 수술용 붕대를 제조하는 사업으로 크게 성공했다. 이후 다양한 의약품 개발과 생활용품 분야까지 사업 분야를 확장해 글로벌 제약회사로 성장했고, 소비자 제품, 의료용품 및 진단 제품, 제약 부문으로 나뉘어 운영하고 있다. 화이자와 함께 미국 제약회사의 양대 산맥으로 불린다.

화이자는 독일에서 미국으로 이주한 사촌형제가 설립한 찰스 화이자 앤 컴퍼니Charles Pfizer & Company를 뉴욕에 설립한 것이 시초다. 주로 의약품과 백신 개발 및 생산을 하고 있다. 연간 매출이 10억 달러 이상인 블록버스터급의 약물을 보유하고 있다. 2020년도에 419억 달러(약 53조 30억 원)의 연간 매출을 달성했으며, 96억 달러(약 12조 1,400억 원)의 순이익을 창출했다.

노바티스는 존슨앤드존슨에 비해 투자에 더 적극적인 활동을 보여 왔다. 2010년부터 평균적으로 존슨앤드존슨보다 26% 더 많은 거래액을 달성했다. 존슨앤드존슨과 화이자는 코로나 백신 개발에 투자한 반면, 노바티스는 코로나 치료 약물 개발에 많은 공을 들였다. 노바티스는 스위스의 생명공학 회사 몰큘러 파트너스Moelcular Partners와 협력해 코로나 치료제를 개발하고 임상시험에 들어갔다. 이들이 개발하는 항바이러스제 앤소비엡Ensoviep이 승인되면, 코로나19를 치료하는 최초의 다중특이성 항바이러스제가 될 것이다.

'화이자'에서 개발한 코로나-19 백신

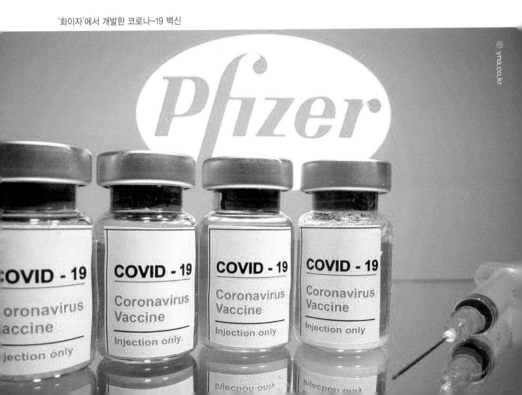

© yna.co.kr

지금 '노바티스'를 주목해야 하는 이유

노바티스는 지난 5년 동안 가장 많은 신약을 개발한 회사이다. 특히 CAR-T 세포치료 원리로 개발된 '킴리아'는 출시 이후, 2021년 3분기에 매출이 무려 20%나 증가한 1억 4,600만 달러(약 2,730억 원)를 기록하며 노바티스의 미래를 예고했다. 앞으로 2026년까지 기존 의약품 기능 확대를 포함해 20개의 추가적인 신약 출시를 목표로 하고 있다. 이는 기존 특허 보유 기간의 만료가 다가옴에 따른 대비책으로 해석된다. 따라서 장기적 성장을 견인할 수 있는 제품을 출시하는 것을 핵심 목표로 삼고 있다. 자체 개발뿐만 아니라 신약 아이디어를 가진 벤처나 스타트업과 협업을 통해, 때로는 공격적인 인수를 통해 이를 실현하고 있다.

2017년에 노바티스는 IBM 왓슨 헬스IBM Watson Health와 유방암 프로젝트를 진행했다. 즉, 노바티스가 가진 유방암에 관한 전문성과 IBM의 데이터 분석과 머신러닝 기술을 결합해 유방암 치료의 예후에 대해 전망할 수 있도록 하는 분석법을 개발한 것이다.

2018년에는 노바티스가 지분을 보유하고 있던 로슈가 암 데이터 분석용 클라우드 플랫폼인 플래티론 헬스Flatiron Health를 19억 달러(약 2조 4,000억 원)에 인수했다. 추후 노바티스가 로슈의 지분을 매각했지만, 노바티스와의 개발 협력은 계속 진행되고 있다.

2018년에는 미국 스타트업 사이언스 37Science 37과 '원격 및 가상 임상 시험'을 위한 협업을 시작했다. 즉, 환자가 먼 거리를 이동해 임상시험을 할 필요 없이 근처 병원을 이용하면 사이언스 37의 분산 임상시험 기술 및 설계 솔루션을 활용해 원격으로 임상시험을 할 수 있다.

또한 2018년에는 디지털 치료제 분야의 대표기업 페어 테라퓨틱스Pear Therapeutics와 공동으로 정신분열증 및 다발 경화증 환자를 돕기 위한 프로그램을 개발하기 시작했다. 이 프로젝트는 소프트웨어를 활용한 신약 개발이 궁극적인 목적이다.

노바티스는 또한 제약회사를 직접 인수하기도 한다. 지난 2018년 미국의 아벡시스AveXis를 무려 87억 달러(약 9조 3,000억 원)에 인수해 희귀질환 치료제 '졸겐스마'를 확보했다. 졸겐스마는 척수성 근위축증(SMA) 유전자 치료제로 주사 한 번에 25억 원에 이르는 초고가 약품이다. 평생 1회 투여로 난치병을 치료할 수 있는 만큼 많은 국가에서 잇따라 허가를 받아 상용화되었다.

2019년에는 메디슨스 컴퍼니Medicines Company를 97억 달러(약 12조 2,600억 원)에 인수하면서, 고콜레스테롤혈증 치료제인 인클리시안을 확보했다. 2021년 11월에는 영국 생명공학 스타트업 두나드 테라퓨틱스Dunad Therapeutics와 최대 13억 달러(약 1조 6,400억 원) 이상 규모의 제휴 계약을 체결하고, 12월에는 영국 유전자 치료제 개발사 자이로스코프 테라퓨틱스 Gyroscope Therapeutics를 15억 달러(약 1조 9,000억 원)에 인수해 망막질환 유전자 치료 분야에서 전문성을 보완하고 안구 유전자 치료 및 광유전학 분야의 입지를 더욱 강화할 것으로 보인다.

이처럼 혁신 분야의 투자를 공격적으로 진행하는 한편 동시에 기존 사업 분야를 좀 더 단순화해나가는 노바티스의 전략은 전통 제약회사들의 행보에도 많은 영향을 미칠 것으로 기대된다.

제약 분야는 전통적으로 인간의 생명과 보건에 관한 중요 산업으로 인식되었다. 특히 원료 및 완제 의약품 생산과 판매, 신약 개발을 위한 연구 등 모든 과정을 포괄하는 지식 기반의 첨단 고부가가치 산업이다. 타 업종보다 기술 집약도가 높고, 고도의 전문성이 요구되는 만큼 오랜 투자 기간과 높은 위험을 수반한다. 일반적으로 하나의 글로벌 신약을 개발하는 데는 평균적으로 최소 1조 원 이상의 개발비용과 12~15년 정도의 기간이 걸린다. 하지만 신약 개발에 성공할 경우 막대한 부가가치가 창출되는 만큼 대표적인 미래 성장 산업으로 불린다.

글로벌 제약회사로서 노바티스의 활동 그 자체로도 흥미롭지만, 노바티스와 협업하는 바이오 테크 스타트업의 행보는 더욱 흥미롭다. 바이오 테크 스타트업들이 초기 신약의 원료나 생산 방식을 발견하고, 어느 정도의 단계까지 성장하는 것은 가능하지만 신약 허가, 우수 의약품 제조관리기준(GMP)에 따른 생산, 판매까지의 전 분야를 긴 호흡으로 홀로 이끌어나가기란 거의 불가능에 가깝다. 따라서 적절한 시점에 글로벌 제약회사 등을 좋은 파트너로 만나 기술이전을 하는 것은 자연스러운 수순이다.

2016년에 설립된 미국의 바이오 스타트업 카리스마 테라퓨틱스Carisma Therapeutics는 노바티스와 항암 세포 치료제에 관한 위탁생산 계약을 맺었다. 노바티스는 지난 2022년 3월 10일 카리스마 테라퓨틱스의 고형 종양 치료제인 HER2 표적 CAR-M(키메라항원수용체-대식세포) 세포 치료제를 미국 뉴저지의 노바티스 생산시설로 이전해 2023년부터 임상 제조를 시작할 것이라고 발표했다. 카리스마 테라퓨틱스가 개발하는 대식세포에 중점을 둔 세포치료제는 노바티스의 협력이 있었기에 그 가치가 빛을 발할 수 있게 되었다.

이처럼 노바티스는 세계 최대 규모의 의약품 생산 시설을 바탕으로 다양한 바이오 테크 기업들과 협력을 넓혀 가고 있다. 변화와 혁신이 빠르게 도입되는 글로벌 바이오 시장에서 전통 강자가 어떻게 지속해서 입지를 굳혀 나가고 있는지를 잘 알 수 있는 대목이다.

골드만삭스

Goldman Sachs

Goldman Sachs

핵심 요약

- 1896년 미국 뉴욕에서 설립된 골드만삭스는 글로벌 기업, 정부 등을 주요 고객으로 한 투자은행이었으나, 2008년 금융위기 이후 비즈니스 모델에 대한 과감한 혁신을 단행했다.

- IT 인프라에 대한 지속적인 투자와 온라인 소매 금융업에 진출하면서 매출에 큰 성장을 보였다.

- 지급결제, AI 기반 빅데이터 분석 등의 스타트업에 투자하고, 이들의 기술을 온라인 소매 금융 서비스인 '마커스'에 직접 적용함으로써, 온라인 소매 금융 분야에 성공적으로 진출했고, 새로운 고객층을 발굴해 냈다는 평가를 받았다. 앞으로도 지금은 없는 신규 시장을 개척해 낼 수 있을 것으로 기대한다.

회사명	The Goldman Sachs Group, Inc.
설립연도	1869년
본사	미국 뉴욕 뉴욕
홈페이지	www.goldmansachs.com
상장일	1999년 5월 4일
심볼	GS
거래소	NYSE
분야	Financial Services
업종	Capital Markets

어떤 사업을 하는가?

1. 투자은행 서비스

골드만삭스는 1869년 설립돼 현재 미국 뉴욕에 본사를 두고 있는 다국적 투자은행이다. 전 세계의 기업, 금융기관, 펀드 및 정부를 대상으로 광범위한 투자은행 서비스를 제공하고 있는데, 주로 기업 인수합병, 기업분할, 기업 방어, 경영권 방어, 구조조정 및 기업분할, 국내 및 크로스보더cross border(국경을 넘나드는) 거래와 이에 대한 인수 금융, 공모 및 사모 채권과 주식 인더라이팅underwrighting(인수·주선)에 대한 전략적 자문, 그리고 이러한 활동에 직접적으로 연관된 파생상품 거래를 포함한다.

2. 기관 투자자 금융 서비스

또한 기업, 금융기관, 펀드 및 정부와 같은 기관 투자자 고객들이 채권, 주식, 외환 및 실물자산 시장에서 원활한 거래를 할 수 있도록 돕고, 융자, 증권 대차 거래 및 기타 프라임 브로커리지 서비스(PBS, 대형 투자기관에 제공하는 종합서비스)도 제공한다. 그 밖에 전 세계의 주요 주식, 옵션, 선물시장에서 거래 형성 및 청산 서비스도 있다.

골드만삭스는 직접 투자와 대출을 진행하기도 하는데, 고객 자금 조달을 위한 대출채권에 투자하거나 발행을 주관한다. 장기적으로 골드만삭스는 직접 펀드를 통해 채권, 대출, 상장 및 비상장 증권, 부동산, 통합투자기구 및 발전소 등에 직간접적으로 투자한다.

3. 개인투자자 투자 운용 서비스

투자 이외에도 다양한 범위의 기관 및 개인투자자들에게 다양한 자산군의 투자 운용 서비스도 제공하는데, 주로 SMA(Separately Managed Account, 별도 운영 계정) 및 뮤추얼 펀드, 사모펀드와 같은 혼합형 상품을 제공한다. 그 밖에 고액자산가를 위한 포트폴리오 관리, 재무 컨설팅, 브로커리지 및 기타 거래 서비스를 포함하는 자산관리 자문 서비스를 제공하고 있다.

이 모든 서비스를 위해 글로벌 투자 리서치(Global Investment Research) 부서를 통해 주식, 채권, 외환 및 실물자산 시장에 대한 연구 기초자료 및 분석 보고서를 발간한다. 골드만삭스의 리서치 보고서는 경제, 포트폴리오 전략, 25개 주식 시장 및 50여 경제 및 전 세계 각 지역의 파생상품, 주식, 신용증권을 다루고 있다.

4. IT 기업 투자

최근 IT 기업에 투자하거나 자회사를 설립하고, 온라인 소매금융 영역에 진출하면서 미래 금융업의 변화에 적극적으로 대비하고 있다. 전 세계 60여 개의 도시에 지점을 운영하고 있고, 2021년 기준으로 약 4만 3,900명의 직원이 있다.

핵심 인물은?

2018년부터 골드만삭스의 CEO로 재직하고 있는 데이비드 솔로몬David M. Solomon은 IB(investment bank) 부문에서 잔뼈가 굵은 인물이다. 1980년대 중반 투자은행 드렉셀 번햄 램버트Drexel Burnham Lambert에 입사하며 월가에 첫발을 디뎠고, 이후 베어 스턴스Bear Stearns를 거쳐 1999년 골드만삭스의 파트너로 합류해 신용등급이 낮은 기업이 발행하는 고위험·고수익 채권인 정크본드사업 구축을 담당했다.

그는 20여 년 만에 CEO의 자리에 오르기까지 상당한 성과를 냈다. 솔로몬이 2006년 골드만삭스 IB 부문 대표가 된 이후 10년간 매출을 70% 증가시키고, 수익률을 두 배로 올렸다. 이후 2017년부터 사장이자 최고운영책임자(COO)에 오르면서 차기 CEO 후보로 지속적인 관심을 받았다. 다른 경쟁자들이 모두 트레이더 출신이었던 것에 비해서, 투자은행 전문가이자 새로운 분야인 소비자금융 부문에서 성과를 낼 수 있을 것이라는 기대감이 더해져 CEO로 낙점되었다.

데이비드 솔로몬은 'D Sol'이라는 이름으로 DJ 활동을 하는 것으로 알려져 많은 사람의 관심을 받기도 했다. 취미만큼이나 성격도 자유분방해,

골드만삭스의 CEO 데이비드 솔로몬

이러한 성격이 경영 스타일과 기업문화뿐만 아니라 신사업 분야에도 많은 영향을 미치고 있다. 솔로몬이 CEO로 취임한 이후, 골드만삭스는 기존 투자은행으로서의 전통적 영역에 머물기보다는 IT 인프라 등에 적극적으로 투자해 미래 핀테크를 선도하는 기업으로서 변모를 꾀하고 있다.

어떤 회사들과 경쟁하나?

모건 스탠리Morgan Stanley는 1935년 미국 뉴욕에서 설립된 세계에서 가장 큰 투자은행이자 글로벌 금융서비스 업체로 골드만삭스와는 80년 이상 경쟁 관계에 있었다. 두 은행은 각기 고유한 비즈니스 모델이 있다. 골드만삭스는 트레이딩 수익에 대부분을 의존하지만, 모건 스탠리는 자산관리 및 투자은행 부분이 수익을 주도하고 있다. 두 회사 모두 2008년 금융 위기와 그에 따른 규제에 큰 영향을 받았다.

금융 위기 이후 모건 스탠리는 비즈니스 모델에 변화를 시도했다. 파생상품보다는 자산관리 쪽에 더 많이 중점을 두었다. 예측 가능하고, 안정적인 사업에 주력한 이후 최대의 실적을 기록했다. IB 부문에서는 고위험, 고성장 기술 영역에 집중했다. 이러한 방향성을 바탕으로 구글, 그루폰Groupon, 세일즈포스 등의 리드 언더라이터 역할을 할 수 있었다. 또한 시스코 시스템즈Cisco Systems 페이스북의 IPO에서 중요한 역할을 했다.

이에 비해 골드만삭스는 금융 위기 이전의 전략을 그대로 고수하며 트레이딩 부문에 집중했다. 골드만삭스는 트레이딩 부문의 매출이 52%로 가장 높은 비중을 차지하는데, 이는 모건 스탠리와는 다른 매출구조이다. 주로 원자재와 파생상품, 주식 블록거래 등 복잡한 트레이딩이 실적 호조에 기여했다.

트레이딩 부문 경쟁사인 '인터랙티브 브로커스 그룹'

이처럼 모건 스탠리와 골드만삭스의 비즈니스 모델이 서로 다름에도 불구하고 모두 매출 호조를 불러오면서, 글로벌 은행들은 둘을 늘 같은 선상에서 비교 분석하며 자신들의 투자전략을 설계하는 중요한 지표로 삼고 있다.

트레이딩 부문에서 골드만삭스와 경쟁상대로 자주 비교되는 기업은 인터랙티브 브로커스 그룹Interactive Brokers Group(이하 IBKR) 이다. IBKR은 1978년 설립된 미국의 중개회사로 미국에서 가장 큰 전자거래 플랫폼을 운영하고 있다. 이는 하루에 279만 3,000건 이상의 거래 규모이다.

세계 100여 개 전자거래소 및 거래시장에서 주문 전달과 주식, 선물, 외환, 채권, 펀드 등의 매매 실행 및 처리 서비스를 제공하고, 전문 트레이더와 투자자가 옵션, 선물, 외환, 채권, 뮤추얼 펀드 등을 온라인으로 직접 매매할 수 있는 플랫폼을 제공하고 있다. 이후 지속적으로 자신들이 만든 소프트웨어에 연결된 거래소와 거래시장을 계속 늘려가며 사람의 개입을 최소화하는 자동전산 플랫폼을 구축하면서, 2018년과 2019년에 연속으로 투자 전문 매체 〈배런스〉 선정 '최고의 온라인 브로커 1위'를 차지했다.

지금 '골드만삭스'를
주목해야 하는 이유

전통 투자은행이었던 골드만삭스는 현재까지는 부유층과 대기업 고객을 중심으로 사업을 전개하고 자체 기술 개발에만 의존했으나, 2008년 금융 위기 이후 근본적인 변화를 꾀한다. 먼저 온라인 소매금융업에 진출한 것, 그리고 두 번째로 IT 관련 인프라에 막대한 투자를 진행한 것이 그 변화를 보여준다. 급기야 2017년, 골드만삭스의 전 CEO였던 로이드 블랭크페인 Lloyd Blankfein은 "골드만삭스는 기술 기업이자, 플랫폼 기업이다"라고 말하면서 보수적 금융 기업에서 혁신적인 IT 회사로서의 변신을 예고했다.

이를 위해 기술 인력을 대거 채용해 골드만삭스 직원 3만여 명 중 엔지니어가 27%나 될 만큼 그 비중을 확장시켰다. 이는 페이스북, 트위터 등의 IT 기업보다 많은 수준의 기술인력이다. 이렇게 내부적인 변화뿐만 아니라 외부적으로 활발한 투자인수를 진행한다. 골드만삭스는 2009년 이후 IT 관련 기업에 132건의 투자를 진행했다. 이 중 77건은 금융업 관련 IT 환경이 급변한 2013년 이후이다.

골드만삭스가 투자한 포트폴리오를 살펴보면 먼저 스퀘어, 블루핀 페이먼트Bluefin Payment Systems, 레볼루션 머니Revolution Money, 빌트러스트

Billtrust 등 '지급결제(Payments)' 관련 기업과 데이터마이너Dataminr, 켄쇼 테크Kensho Tech, 콘텍스트 렐러반트Context Relevant, 앤튜잇Antuit 등 '빅데이터 분석(Big data analysis)' 관련 기업이 있다.

이 중에서 켄쇼 테크는 골드만삭스와 합작해서 AI 시스템 '워런Warren'을 만든 것으로 유명하다. 워런은 전문 애널리스트 15명이 4주 정도 걸려할 수 있는 데이터 수집 및 분석, 미래 시장 예측 등을 5분 만에 할 수 있다. 켄쇼는 2015년 골드만삭스와의 독점 계약이 끝난 후 JP모건 체이스JP Morgan Chase와 뱅크 오브 아메리카Bank of America에 소프트웨어 출시 계약을 맺기도 했다. 이는 세계 금융시장의 변화를 가장 먼저 감지하고, 발 빠르게 투자에 나선 골드만삭스의 안목이 재평가되는 계기가 되었다.

그 밖에 골드만삭스는 비트코인 간편송금 스타트업 서클Circle, 금융상품 가격비교 사이트 컴페어아시아그룹CompareAsiaGroup, 건강보험 스타트업 오스카Oscar 등에도 투자하면서, 골드만삭스의 투자 포트폴리오는 향후 금융업의 미래를 가늠하게 되는 중요한 기준점을 제시했다.

또한 핀테크 기업뿐만 아니라 향후 영향력 있는 플랫폼으로 성장할 가능성이 높은 IT 기업에도 투자를 진행하며, 유니콘 기업 투자순위에서도 주요 실리콘밸리 벤처캐피털을 제치고 높은 순위를 기록했다. 우버Uber, 핀터레스트Pinterest, 드롭박스Dropbox 등 우리에게도 친숙한 12개의 유니콘 기업에 투자했을 뿐만 아니라 미국 이외의 중국, 한국, 독일 등 세계 각국의 기업에도 투자하며 미래를 위한 과감한 글로벌 투자 전략을 펼치고 있다.

최근 들어 골드만삭스는 핀테크 역량 내재화와 고객 확보를 위해 투자했던 일부 핀테크 회사의 인수를 추진했는데, 대표적인 회사로 본드스트릿

Bondstreet, 파이널Final, 클래러티 머니Clarity Money가 있다.

두 번째로 골드만삭스는 2015년부터 비즈니스 모델을 다각화하기 위해 온라인 소매 금융업에 진출했다. 146년간 주로 부유층 및 대기업 위주로 금융서비스를 제공해오던 전통이 있었던 만큼 그야말로 파격적인 행보에 가까웠다. 기존 개인 고객 대상으로는 1,000만 달러 이상의 부유층을 상대로 한 자산관리 서비스만을 제공했는데, 금융위기 이후 규제 강화와 전 세계 디지털화가 급속도로 진행되면서 과감하게 새로운 길을 모색한 것이다.

이러한 맥락에서 골드만삭스는 2016년 온라인 금융 플랫폼 '마커스Marcus'를 개발해 비대면 고금리 예·적금, 개인대출 등 소매금융 서비스를 제공하고 있다. 이후 비대면 자산관리 서비스까지 확대할 계획이다. 2020년 기준 마커스의 고객 수는 500만 명이고, 예금 총액은 960억 달러(약 1,090조 원), 대출액은 70억 규모(약 7조 원)이다.

골드만삭스는 2020년 6월 아마존과의 파트너십을 체결하고, 아마존은 마커스를 통해 중소기업 대출을 진행하기로 발표했다. 아마존은 기존에 '아마존 랜딩'이라는 서비스를 통해 아마존 쇼핑몰 입점 기업에 대출서비스를 제공해왔다. 마커스는 이를 이어받아 최대 100만 달러, 대출금리 6.99~20.99%에 대출을 제공한다. 이는 대출을 통한 수익 창출 이외에 소매금융 분야의 데이터를 확보할 수 있는 중요한 계기가 되고 있다. 따라서 이를 통해 대출 상품을 더욱 정교하게 개발해나갈 예정이다.

이후 가계부 앱을 만드는 '클래리티 머니'를 인수하고 마커스 앱에 자산 분석 기능을 추가하면서, 마커스는 단순한 온라인 소매금융 상품이 아닌 온라인 종합투자 플랫폼으로의 확장을 꾀했다. 클래리티 머니는 2021년 3

월 5일부로 서비스를 종료했고, 이후 골드만삭스는 클래리티 머니에서 사용할 수 있었던 기능을 마커스 인사이츠Marcus Insights 앱으로 통합해, 좀 더 간단한 기능에 집중하는 재무 관리 앱을 탄생시켰다.

또한 애플과 함께 2019년 애플 카드를 출시하는 것으로 협력을 시작했고, 올해부터는 BNPL(Buy Now Pay Later) 서비스를 함께 개발하고 있는 것으로 알려졌다.

그 밖에 골드만삭스는 올해 AWS와 파트너십을 맺고 금융 데이터 관리 및 분석 서비스인 '파이낸셜 클라우드 포 데이터Financial Cloud for Data'를 출시했다. 이는 헤지펀드 매니저나 자산 관리자, 기관 투자자처럼 엄청난 규모의 시장 데이터를 분석해야 하는 사용자를 위한 솔루션이다. 사용자는 골드만삭스의 자체 AI 도구와 애플리케이션으로 데이터를 발견, 정리, 분석해 인사이트를 도출하거나 정보에 입각한 투자 결정을 내릴 수 있다.

설립된 지 150년이 넘은 전통 금융기업의 변신은 흥미롭다. 이는 단순히 기존 사업영역을 축소하거나 확대하는 수준이 아닌 '완전히' 새로운 모델을 향한 도전이자 혁신이다. 더 이상 '금융'만을 하고 있지는 않다고 선언한 금융 기업의 변화가 전 세계 금융업의 판도를 어떻게 바꿀지 그 귀추가 주목된다.

'디지털화'라는 거대한 흐름 안에서 대부분의 전통은행은 변화를 꾀하거나 혁신을 도모해야만 하는 상황에 놓여 있다. 특히 밀레니얼 세대가 주 소비층으로 부상하고, 웹이 아닌 모바일이 삶에 훨씬 더 큰 비중을 차지하고 있다. 여기에 더해 급속도로 진행되는 기술 발전이 혁신적인 금융서비스를 가능하게 하면서 전통은행만이 은행업을 하는 시대는 종말을 고했다. 이제는 대부분의 빅테크 기업이 은행업에까지 뛰어들면서, 은행이 테크 기업 수준의 기술과 서비스를 제공하지 못하면 도태될 수밖에 없는 상황이다. 이는 충분히 예측 가능한 미래이다.

스페인 빌바오에 본사를 두고 있고, 1857년 설립되어 긴 역사와 전통을 자랑하는 방코 빌바오 비스카야 아르헨타리아(Banco Bilbao Vizcaya Argentaria, 이하 BBVA)는 라틴아메리카와 스페인어권에서 가장 영향력 있는 은행이다. 이 전통은행이 2020년 유럽의 '가장 혁신적인 디지털 은행'으로 선정되었다. BBVA는 2015년부터 은행의 '디지털 트랜스포메이션'을 최우선 과제로 선정해, 다양한 핀테크 스타트업과의 협업을 진행했다. 이 결과 모바일 기반의 지급 결제 앱인 BBVA 월렛, 자산관리앱 마이데이투데이My Day-to-Day, P2P 송금앱 캐시업Cashup, 해외 송금을 지원하는 투요Tuyyo를 개발해 좋은 반응을 얻었다. 이후 핀테크 기업에 대한 직접 투자, M&A 등을 지속적으로 진행하며 최신 트렌드에 민감하게 대처하고 있다.

전통과 혁신이 만나 어떻게 파괴적인 힘을 발휘하는지 보여주는 여러 사례를 살펴보았다. 특히 변화가 급속도로 진행되는 분야에서는 혁신적 기술과 민첩함이 필요하지만, 때로는 전통 기업들이 구축해놓은 관계망과 신뢰가 바탕이 되어야만 실현이 가능할 때가 많다. 이 두 조합이 어떻게 의미 있게 발현되는지, 또는 어떻게 적당히 긴장감을 가진 경쟁 관계를 만들어 내는지가 금융 산업의 미래를 만들어낼 것이다.

바이오엔텍

BioNTech

핵심 요약

- 2008년 독일 마인츠에서 설립된 바이오엔텍은 암 등의 난치병, 감염성 질환에 대한 mRNA 백신을 개발하는 생명공학 기업이다.

- 개인맞춤형 mRNA 면역항암요법의 임상시험을 진행하고 생산 공정을 개발했으며, 2020년 초반부터 화이자와 함께 코로나 백신을 개발했다.

- 그동안 임상시험 단계의 제품만 많고 상용화된 제품은 별로 없다는 단점이 있었으나, 코로나 백신 개발로 이를 단숨에 극복하면서 향후 지속적인 성장 가능성이 엿보인다. 특히 백신 이외에 mRNA로 인한 난치병 치료제 개발 등에도 긍정적인 신호를 보이고 있다.

회사명	BioNTech SE
설립연도	2008년
본사	독일 마인츠
홈페이지	www.biontech.com
상장일	2019년 10월 10일
심볼	BNTX
거래소	NASDAQ
분야	Healthcare
업종	Biotechnology

어떤 사업을 하는가?

바이오엔텍BioNTech은 종양의 유전적 특징을 기반으로 개별 환자 맞춤형 암 치료제를 개발 중인 생명공학 기업이다. 2008년 독일 마인츠에서 문을 연 바이오엔텍은 현재 약 1,300명의 직원을 두고 있으며 2019년에 나스닥에 상장되었다. 세포 및 유전자 치료제, 단백질 치료제에 대한 전문성을 갖추고 있으며 mRNA 치료제 개발 분야에서 선도적인 기업이다.

1. mRNA 치료제 개발

mRNA는 미생물에서 유전자로서 기능하는 RNA(리보핵산) 분자를 전

달하는 메신저 역할을 하면서, 유전정보를 전달한다. 이 유전정보를 바탕으로 세포는 단백질을 생산해낼 수 있다. 바이러스 단백질을 생성하는 설계도를 mRNA에 주입하면, 우리 몸은 이 단백질을 이용해 면역반응을 일으킨다. 따라서 mRNA는 수많은 유전병과 암 치료제를 개발하는 중요한 기제로 주목 받아왔다.

지금까지 바이오엔텍에서는 20가지 이상의 치료제를 개발했고, 10여 개 제품이 임상시험 중이며, 7개의 제약회사와 파트너십을 맺고 연구개발 협력을 진행 중이다. 또한 바이오엔텍에서 개발된 치료제를 바탕으로 17개 유형의 다른 형태의 종양을 가진 440여 명의 환자들을 치료했다.

폭넓은 과학적 전문성, 개발 인프라, 광범위한 학계 네트워크, 기술 작용 기전과 임상적 활용법에 대한 깊은 이해, 환자 맞춤형 치료제를 적시 생산하기 위한 혁신적인 제조 역량 등을 바탕으로 맞춤형 항암치료제, 희소 질환에 대한 단백질 대체 요법, 저분자 화합물을 위한 치료제를 개발하고 있다. 특히 GMP 인증 제조 역량과 내부 기반시설을 바탕으로 한 최첨단 mRNA 의약품 발굴 플랫폼을 보유하고 있는 것이 특징이다.

2. mRNA 백신 개발

최근 미국의 제약회사인 화이자와의 공동 연구개발을 통해 코로나19 백신을 만들어내며 세계적인 명성을 얻게 되었다. 화이자와 바이오엔텍은 2018년 독감 백신에 대한 공동 연구개발을 진행한 바 있다. 이때 이미 mRNA 백신이 다른 독감 백신 비용에 비해 효능이 높고 낮은 비용으로 제조가 가능함을 증명한 바 있다.

바이오엔텍은 터키계 독일인 우우르 사힌Ugru Sahin과 외즐렘 튀레지Özlem Türeci 부부가 설립했다. 이후 미국 펜실베이니아대학교의 카탈

바이오엔텍 생산 시설

린 카리코Katalin Karikó 박사의 합류는 성장의 중요한 계기를 마련한다. mRNA는 만들어내는 단백질량이 적고, 인체에서 너무 빨리 분해가 된다는 한계가 있었는데, 카리코 박사의 연구를 통해 이 한계를 극복할 실마리를 찾게 된 것이다

mRNA 백신의 가장 큰 장점은 기존의 백신에 비해 만들기가 매우 수월하다는 것이다. 기존 백신의 경우 바이러스 혹은 단백질을 배양하는 과정을 거쳐 생산해 전 세계로 배송하는 과정에만도 수개월이 걸릴 만큼 복잡했다. 하지만, RNA의 경우 실험실에서 DNA 주형으로 만들어지는데, DNA는 컴퓨터로 전자 염기서열 배열을 통해 순식간에 전 세계로 보낼 수 있는 만큼, RNA 백신 생성에는 약 일주일 정도가 소요된다. 즉, 특정 바이러스의 유전정보만 알면 컴퓨터 시뮬레이션으로 원하는 설계도를 mRNA에 입력할 수 있는 셈이다. 또한 기존 백신은 바이러스를 배양해야 하는 만큼 위험도가 높지만, RNA 백신은 유전자 배열과 테스트

용도로 소량의 바이러스만 필요하기 때문에 상대적으로 안전하다.

우우르 사힌 바이오엔텍 대표는 2020년 1월 중국 연구진이 코로나 바이러스의 유전자 지도를 공개한 지 보름 만에 후보물질 10개를 설계했다. 그중 하나가 이번 백신의 토대가 됐다. 바이오엔텍은 후보물질 발굴 이후 화이자와 손을 잡아 본격적인 백신 개발에 나섰고, 이후 독일 정부로부터 4억 5,500만 달러(약 5,040억 원)의 지원금을 받고, 백신 개발과 생산에 박차를 가했다. 이런 과정을 거쳐 바이오엔텍은 코로나 사태가 일어난 지 1년도 되지 않은 시점에 95%에 가까운 예방효과를 지닌 백신을 내놓는 데 성공했고, 첫 상용화 제품을 내놓으며 바이오엔텍의 기업 가치는 크게 성장했다.

모건 스탠리는 화이자와 바이오엔텍의 코로나 백신이 두 기업에게 130억 달러(약 14조 원) 이상의 매출을 안겨다 줄 것으로 예상했으며 주가 역시 크게 뛰었다. 바이오엔텍의 나스닥 주가는 2019년 말 25.10달러

컨테이너형 코로나 백신 생산시설 '바이온테이너'

하락장이 두렵지 않은 미국 우량주 28

(12월 10일 기준)에 그쳤으나, 코로나 백신이 승인된 직후인 2020년 12월 10일에 129.53달러로 무려 5.1배가 증가했다.

유럽 주식회사인 바이오엔텍 SE 이외에 베를린에 펩타이드 전문 제조사인 JPT 펩타이드 테크놀로지스JPT Peptide Technologies GmbH, 이다르-오버슈타인에 GMP 제조 시설을 갖춘 바이오엔텍 IMFS(BioNTech Small Molecules GmbH), 바이에른에 바이오엔텍 소분자 분야 연구기관(BioNTech Small Molecules GmbH), 마인츠에 체외 진단장치를 개발하는 바이오엔텍 다이아그노틱스BioNTech Diagnostics GmbH 등 4개의 자회사를 보유하고 있다.

핵심 인물은?

바이오엔텍은 CEO인 우우르 사힌과 CMO(Chief Medical Officer, 최고의료책임자)인 외즐렘 튀레지 부부에 의해 설립되었다. 우우르 사힌은 1991년부터 2000년까지 퀼른대학병원, 홈부르크의 자를란트대학병원에서 내과, 혈액학·종양학과 의사로 일했다. 1999년에 분자의학 및 면역학 분야에서 교수자격 과정을 통과했으며, 2000년부터는 취리히 대학병원 실험면역학 연구소에서 일했다. 이후 2001년부터 요하네스 구텐베르크 마인츠대학 병원에서 다양한 직책을 맡았다.

외즐렘 튀레지는 1992년 자를란트의과대학에서 박사학위를 받았고, 이후 독일연구재단과 하이젠베르크재단의 지원을 받아 종양학과 면역학 분야의 교수자격 과정을 마쳤다. 이후 자를란트대학병원에서 일하며, 마인츠대학병원에서도 강의를 하는 등 활발히 연구를 진행했다.

바이오앤텍 공동 창업자 우우르 사힌(왼쪽)과 외즐렘 튀레지(오른쪽)

두 사람은 자를란트대학병원에서 처음 만났고, 이후 함께 마인츠의 요하네스구텐베르크대학의 크리스토프 후버Christoph Huber 혈액·종양학과장에게 스카우트됐다. 후버는 현재 바이오엔텍의 비상임이사다. 이곳에서 사힌과 튀레지는 신체 면역체계 프로그래밍에 기반한 새로운 치료법을 연구하기 시작했고, 2001년 항체 치료제 개발을 위해 가니메드 제약(Ganymed Pharmaceuticals)이라는 회사를 처음 창업했다.

2008년에는 바이오엔텍도 설립하게 되었는데 두 회사 모두 요하네스구텐베르크마인츠대학에서 스핀오프 되었다. 스핀오프는 연구소나 대학의 기술을 바탕으로 분사되어 창업하는 형태이다. 스핀오프 방식은 기업에 라이선스나 지적재산권을 이전하는 간접적 방식에 비해 연구자가 직접 자신의 연구 결과를 바탕으로 기업화하기 때문에 지식 기술 이전에 있어서 더욱 효과적이고, 기초과학 성과의 상업적 활용을 증대시키며, 공공부문의 연구 성과를 효율적으로 기업에 확산 시키는데 유리하다.

가니메드 제약은 2016년에 아스텔라스 제약(Astellas Pharma)에 4억 2,200만 유로(약 297억 원)에 매각돼 훌륭한 엑시트(투자회수)를 했다. 사힌-튀레지 부부는 2008년 바이오엔텍을 설립해 항체 치료제 개발에서 mRNA로 연구 영역을 확대했다. 2016년 가니메드 제약의 매각 수익금 역시 바이오엔텍에 재투자했다.

바이오엔텍의 수석부사장인 카탈린 카리코 박사도 중요 인물 중 하나이다. 카리코는 헝가리 출신의 생화학자로 mRNA 분야의 권위자로 펜실베이니아대학교의 겸임교수이기도 하다. mRNA가 질병 치료에 사용될 수 있는 실질적인 길을 연 장본인으로 올해 노벨상 생화학의 유력한 후보로 떠오르고 있다.

바이오엔텍의 CBO이자 CCO를 겸하고 있는 숀 마렛Sean Marett은 실질적인 전략과 비즈니스를 담당하고 있다. 그는 런던 킹스컬리지에서 생화학을 전공했고, 이후에도 GSK, 넥스트파마NextPharma, KWS 바이오테스트KWS BioTest, PHMR 등 꾸준히 제약 및 생화학 관련 회사에서 일해왔다.

크리스토프 후버 박사는 바이오엔텍의 공동설립자이고, 2008년부터 바이오엔텍의 감독위원회로 활동하고 있다. 혈액학, 종양학, 면역학 분야에서 50년 이상의 경험이 있는 전문가이고, 1990년부터 2009년까지 요하네스구텐베르크대학에서 혈액종양학과장을 맡았다. 가니메드 제약도 사힌-튀레지 부부와 공동으로 설립하는 등 두 사람과 오랜 기간 인연을 이어오고 있다.

어떤 회사들과 경쟁하나?

　mRNA 백신 분야에서 바이오엔텍과 함께 가장 많이 비교되는 곳은 단연 모더나Moderna이다. 모더나는 2010년 미국의 매사추세츠주에서 설립되었고, 2018년에 나스닥에 상장되었으며, 2020년 코로나 백신을 개발하기까지 대부분의 과정이 바이오엔텍과 유사하다. 특히 재정적인 성과 측면도 유사한데, 〈포브스〉에 따르면 모더나의 올해 매출은 약 185억 달러(약 23조 6,300억 원), 바이오엔텍은 150억 달러(약 19조 1,500억 원)로 추산된다.

　모더나 백신이 바이오엔텍의 백신에 비해 저장과 보관 및 이동이 용이하다는 장점과 모더나 백신의 가격이 더 비싸다는 점을 고려할 때, 모더나의 수익이 더 클 것으로 예상된다. 코로나 백신 이외에도 모더나는 종양과 희소질환 분야에서 9개의 백신과 13개의 치료제를 개발 중이다. 바이오엔텍이 주로 암 치료제에 중점을 두는 것과 대조되는 부분이다.

'모더나'의 코로나 백신 생산 모습

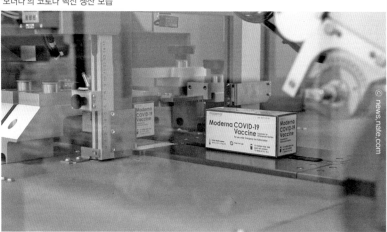

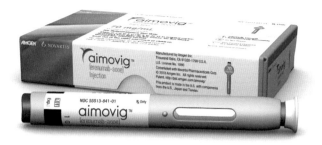

'암젠'의 편두통 치료제 에이모빅

하지만 두 회사의 제품 후보군 모두 아직 상용화 전 단계인 만큼 임상 시험에서 얼마나 성공적인 결과를 도출하는지에 두 회사의 성패가 갈릴 것이다.

같은 제약 및 생명공학 분야 기업인 길리어드 사이언스Gilead Sciences 도 바이오엔텍의 경쟁사이다. 길리어드 사이언스는 항바이러스제를 만드는 회사로 1987년 미국 캘리포니아에서 설립되었고, 1992년에 나스닥에 상장되었다. 이후 HIV, 심혈관, 각종 종양 등 난치병 치료제를 개발했으며, A형 독감 치료제 타미플루의 개발사로도 유명하다. 2014년에 에볼라에 대항해 개발한 렘데시비르는 큰 효과를 보이지 못해 당시 실패한 것으로 분류되었으나, 최근 코로나19에 항바이러스 효과가 있을 것으로 기대를 모아, 주가가 크게 오르기도 했다. 하지만 아직까지 뚜렷한 연관성은 보이지 못하고 있는 상황이다.

미국의 다국적 제약, 생명공학 기업 암젠Amgen Inc.도 중증환자를 위한 신약 개발 회사로 바이오엔텍과 비교해볼 만하다. 1980년 미국 캘리포니아에서 설립된 암젠은 암, 신장질환, 류마티스 관절염, 골질환 등 기타 중증질환 치료제를 공급하고 있다.

지금 '바이오엔텍'을
주목해야 하는 이유

기존의 백신은 복잡한 정제 및 테스트 과정을 포함한 맞춤형 생산 공정이 필요했다. 그러나 RNA 백신 생산 공정은 단백질 배열의 간단한 변화만 적용할 수 있도록 표준화가 가능하다는 장점이 있다. 이를 통해 이미 mRNA 백신의 저비용 고효율이 증명되었다. 바이오엔텍의 코로나19 백신은 향후 2년 동안 바이오엔텍 매출의 가장 큰 부분을 차지할 것이다.

또한 코로나가 어느 정도 극복되고 난 상황이 바이오엔텍에 어떠한 영향을 미칠지도 관건이다. 코로나로 인해 바이오엔텍은 향후 몇 년 동안 연구 개발 과정에 투자할 충분한 자금 여력을 갖추었기 때문이다. 이를 바탕으로 총 14종의 종양 관련 치료제가 후속 개발될 것으로 보이며, 현재 이미 3종의 CMV 백신과 맞춤형 암 백신이 최종 임상시험 단계에 들어갔다고 밝혔다. 바이오엔텍은 이 외에도 HIV와 결핵 백신을 개발 중이다. 임상시험은 늘 불확실성을 함께 가지고 있는 만큼 신중하게 살펴볼 필요가 있지만, 전례 없는 자금 투입으로 바이오엔텍에게는 최적의 연구 환경이 마련되었다는 점에 주목할 필요가 있다.

2022년 2월 바이오엔텍은 또 하나의 혁신을 들고 왔다. 12개의 컨테이너를 하나의 코로나 백신 생산 공장으로 사용할 수 있는 모듈식 의약품 생산시설을 제안한 것이다. 바이오엔텍은 2022년 연말까지 이 모듈식 코로나 백신 생산 컨테이너를 아프리카 연합과 협력해 르완다, 세네갈, 남아프리카 공화국 등에 제공할 예정이다. 컨테이너형 mRNA 생산 공장은 '바이오엔테이너BioNtainer'라는 이름이 붙었고, 연간 최대 5,000만 도스를 생산할 수 있다. 바이오엔텍의 CEO 우우르 사힌은 이를 통해 경제적 이익을 취하려는 것이 목적이 아니라며, "향후 의약품이 필요한 어디에서든 빠른 시간 내에 모듈식 생산 공장을 세우고, 모듈형 의약품을 직접 생산할 수 있도록 전 세계 제약산업의 생산 공정을 바꾸는 것이 목표"라고 밝혔다.

현재 전 세계 백신 중 1%만 아프리카에 제공되고 있고, 이 또한 전량 수입에 의존한 것이다. 이는 공정하지도 않고 지속 가능하지도 않은 방식이다. 바이오엔텍은 장기적으로 이 컨테이너 백신 공장을 아프리카의 파트너 국가가 직접 운영할 수 있도록 현지 직원을 교육하고, 물류 등의 초기 체계를 잡는 데 많은 지원을 할 예정이다. 이는 코로나 백신 생산뿐만 아니라 바이오엔텍의 말라리아, 결핵 백신 생산에도 적용될 것이다. 바이오엔텍은 이번 '바이온테이너 프로젝트'를 통해 백신 그 자체뿐만 아니라 백신 생산의 모든 과정을 간소화하고 표준화 해 세계 어디에서나 의약품이 손쉽게 생산되는 방식을 제안함으로써 전 세계 의약품 생산의 미래를 보여주고 있다.

하락장이 두렵지 않은
미국 우량주 28

초판 1쇄 인쇄 2022년 7월 15일
초판 1쇄 발행 2022년 7월 20일

지은이 | 테크니들
펴낸이 | 유영준

편집부 | 오항림, 한주희
디자인 | 최치영
인쇄 | 두성P&L
발행처 | 와이즈맵
출판신고 | 제2017-000130호(2017년 1월 11일)

주소 | 서울 강남구 봉은사로16길 14, 나우빌딩 4층 쉐어원오피스(우편번호 06124)
전화 | (02)554-2948
팩스 | (02)554-2949
홈페이지 www.wisemap.co.kr

ISBN 979-11-89328-05-4 (03320)